高校野球　名将の言葉

中村計

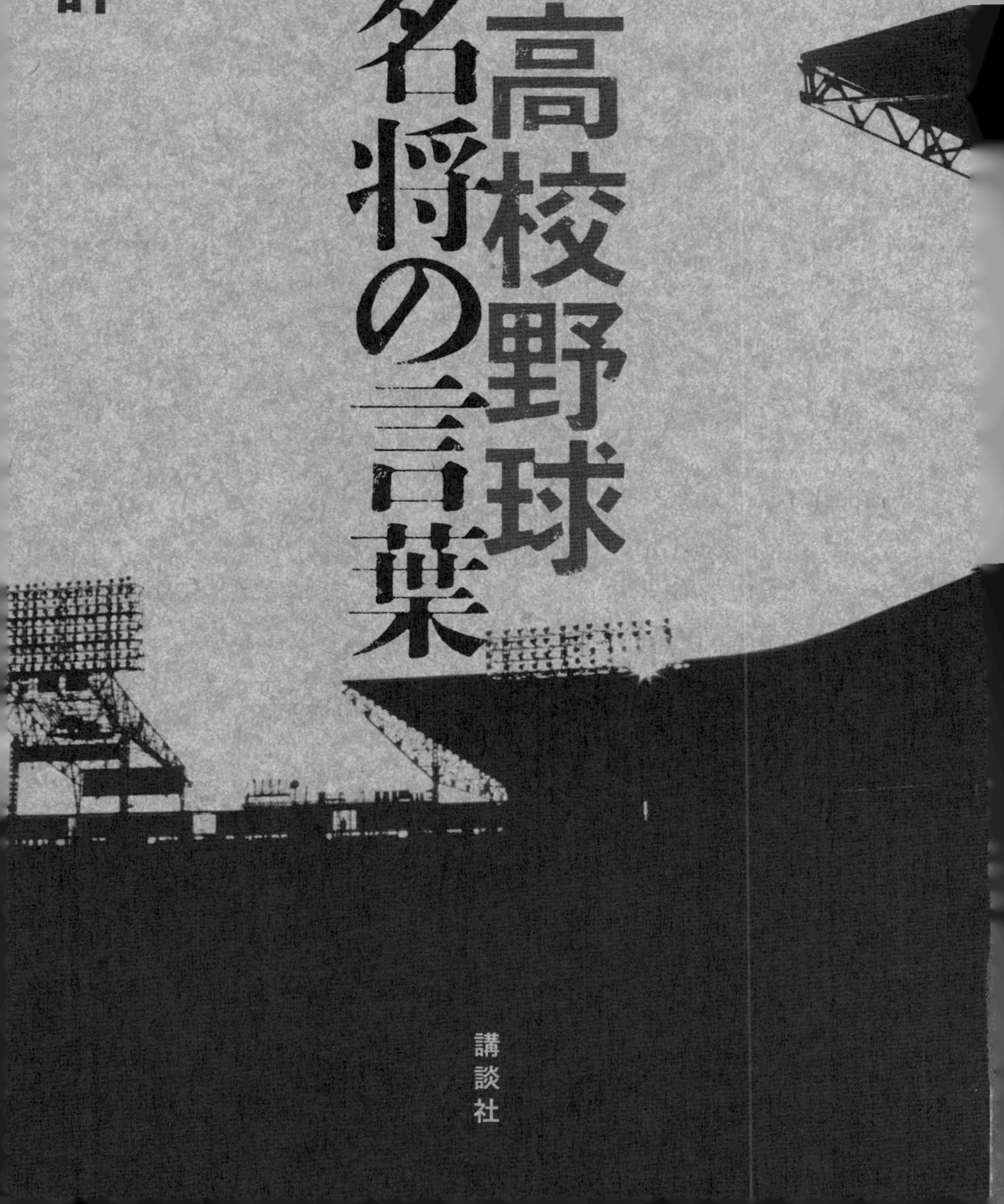

講談社

高校野球　名将の言葉

目次

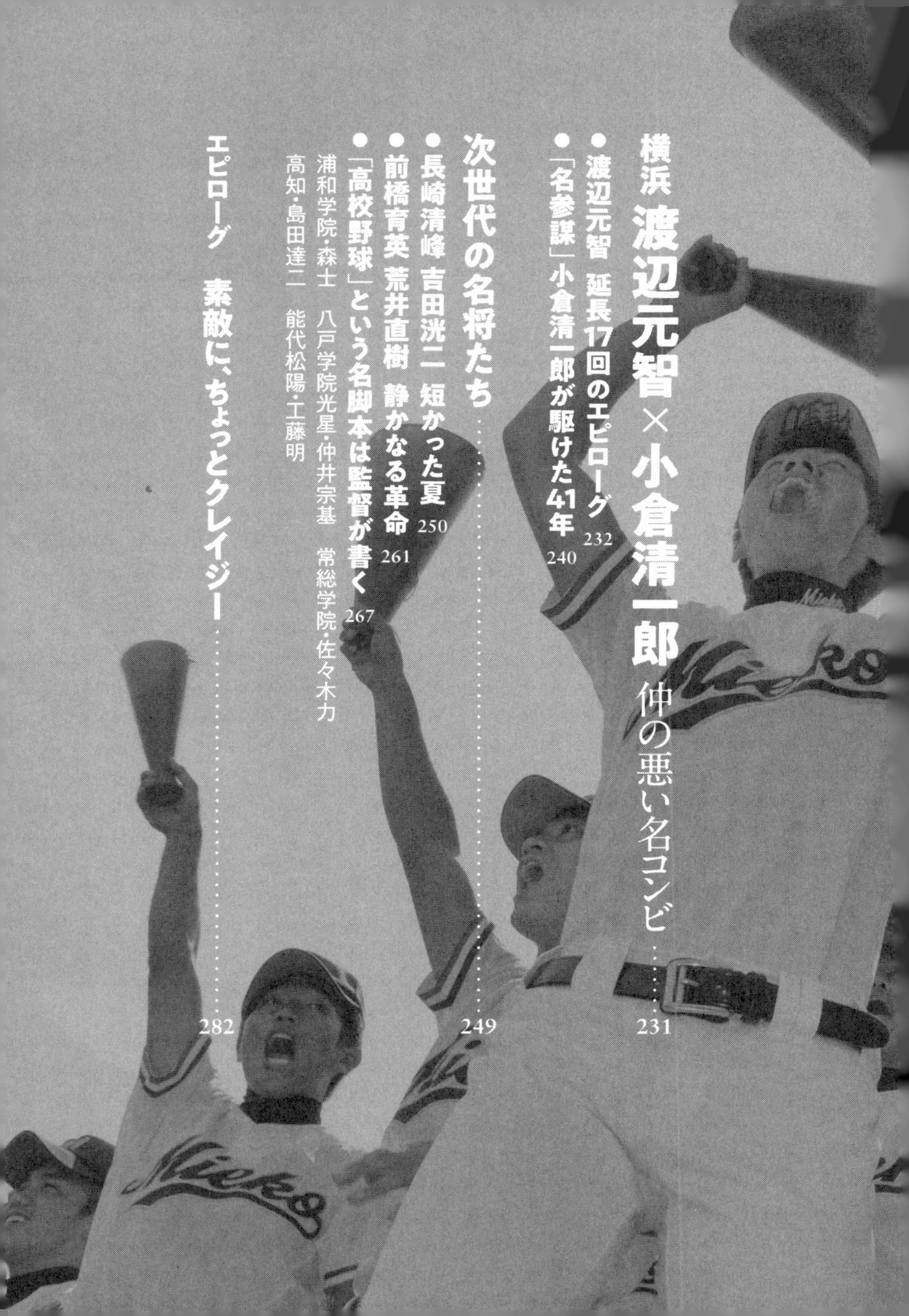

プロローグ　高校野球監督という「非職業」

「まだ早すぎるわ」

2004年秋。ある野球専門誌で、その夏の甲子園の決勝戦、駒澤大学附属苫小牧（南北海道）と済美《さいび》（愛媛）の試合を取り上げることになった。まずは敗れた済美の監督・上甲正典《じょうこうまさのり》（故人）に取材を申し込んだ。すると、冒頭のように断られた。

ただ、北海道勢が初優勝し、盛り上がった決勝戦だけに、何としてでも済美サイドの話も聞きたい。そこで、秋の大会が終わった頃、もう一度だけ、お願いさせて欲しいと伝え、ひとまず電話を切った。

秋の大会が終わり、さっそく電話をかけると、今度は私の名前を告げただけで「取材OK」が出た。こんなものか。そのときの私は、これから起きるハプニングのことなど知る由《よし》もなかった。

取材当日――。

松山市内にある学校に着いたのが昼時だったため、近場の回転寿司で鮨をごちそうになり、その後、上甲の車で一緒にグラウンドへ向かった。そして、上甲の言葉に私は耳を疑った。

「で、今日は、何の取材や？」

恐る恐る内容を説明すると、上甲は急に黙りこくった。

まずい……。

もともと強面《こわもて》な上甲から表情が消え、まるで般若のような顔になった。

グラウンドに到着し、監督室に案内される。上甲がようやく口を開いた。見事なほどドスの利いた声だ。

「この前もテレビ局の記者が、決勝戦の話を聞きたいって来おったんや。『時期が早い！』って言ったら、ビビって帰ったわ。で、何が聞きたいって」

取材は軽い「恫喝《どうかつ》」から始まった。順を追って話を聞くも、口調はこれ以上ないほどに重い。さらには、合間合間に軽いジャブが入る。

「君も酷やなぁ。わしが思い出したくない言うてるのに。こんな話してたら、カッカ、カッカしてくるわ」

ミスが出たシーンについて尋ねると、口調も荒くなった。

「あのバカが！　ほんまに。ボーッとしとるからや！」

爆発するたびに、「せっかく君も東京から来たんやからな……」と自分で自分をなだめた。

しかし次第に「爆発」と「冷静」の間隔が短くなる。そして、1時間が過ぎた頃、「ま、もうええやろ」と強制終了。

呆気《あっけ》にとられていると、上甲は突然、私を連れてグラウンドに出た。そして、練習に来ていた3年生たちを集合させ、私が取材にきた経緯を説明してから、怒鳴り散らした。

「俺はまだ立ち直ってないんや！　お前らが話せ！」

そう言い残し、監督室にまた入ってしまった。選手に聞けと言われても、この状態で聞けるはずもない。選手に謝罪し、私も監督室へ戻る。会話の糸口を探していると、上甲は松山市内いちの繁華街・大街道《おおかいどう》にある行きつけのスナックの名前を言い、深夜12時にそこで待っていろという。気が向いたら、そこで続きを話してやる、と。

私は信じていた。怖い人だったが、これだけ自分をさらけ出すことのできる人間はどこか信用できる。

果たして上甲は12時に、約束のスナックへやって来た。さっそくＭＤレコーダーを回していいかと尋ねると、「そういう問題じゃないやろ！」とまた怒られる。どういう問題ではないのかはわからなかったが、もちろんそれを尋ねることなどできない。

私は最低でもこれだけ聞けば記事にできるという質問を事前に10個に絞っていた。録音機器も回さず、ノートにもメモせず、その答えを頭の中に刻みつけた。

30分ほどで取材を切り上げ、それからしばらく上甲のカラオケに耳を傾ける。酒が飲めない上甲は粉末状の緑茶をお湯に溶かして飲みながら、上機嫌にいつまでも歌っていた。

高校野球の取材で、こんなに怖い思いをしたことはない。私がある記者にその話をすると

「あまりにも失礼じゃない？」と憤慨《ふんがい》していた。が、私はそんな言葉を期待していたわけではない。まったく逆だった。

おもしろいね——。

そう、共鳴し合いたかったのだ。

高校野球の監督という人種は、何と無茶苦茶で、しかし何と可愛らしい存在なのだろう、と。

私の知り合いで、現在は高校野球専門誌『ホームラン』の編集長を務める戸田道男が、ある雑誌に「高校野球の監督、それは素晴らしき〝非職業〟」というタイトルのエッセイを寄稿したことがある。

その中に、こんな一節があった。

〈1年のうち、約50分の1の人しか「結果を出した」と認められない、さらに言えば、400分の1の人しか最良の結果を出すことができない仕組み。それが高校野球の監督。もし、それが、自分の一生の職業だとしたら、とても危険で、空しい職業ではないか。(中略) 経済的には「職業」だ、と言うことができたとしても、精神的に「高校野球の監督は私の職業だ」と言い切れる監督がいるだろうか (中略)。野球なんか大嫌いだけど食っていくためだけに、高校野球の監督をしている、という人は、全国にただの一人もいない、少

なくとも私はそう思いたい〉

私も、「少なくとも」、そういう監督にはまだ出会ったことがない。

高校野球を見ていて、いつも思う。金にもならないことのために、こんなにも生活の多くを捧げている人がたくさんいる世界は、他にないのではないかと。

高校野球の監督は優勝すれば、その名はたちまち全国区となり、甲子園に出場しただけでも、地元ではちょっとした有名人になる。あらゆる国内のアマチュアスポーツの中で、もっと言えば、プロスポーツを含めても、高校野球の監督ほど世間にその名が知れ渡る確率の高い競技カテゴリーはない。

しかしその名声と、彼らが得ている報酬のギャップは、余りにも大きい。私学でそれなりの給与を得ている監督、あるいは成功報酬を得ている監督もいるようだが、その額も、その割合も、たかが知れている。

経済的な恩恵に与《あずか》れなくとも名声が得られるならば、まだいい方だ。しかし毎年、甲子園に出場できるのは、通常は、春の選抜高校野球大会は32校、夏の全国高校野球選手権大会は49校と、一年間で81校に過ぎない。戸田が書くように、約4000校あるうちの「50分の1」。そして、そのほとんどは、一部の強豪私学に占められている。実績の乏しい無名校の入り込む余地は、20校程度までに絞られるのではないか。となれば、200分の1だ。

国内で硬式野球をするにあたって、高校時代が特殊なのは、全国のほぼすべてのプレイヤーが日本高校野球連盟に所属し、甲子園を目指すという点である。小・中学時代はさまざまな組織が乱立しているし、大学時代も同様だ。しかも大学は、本当にレベルの高い選手は高校卒業と同時にプロへ進んでしまうため、純粋な意味での世代「日本一」を競う場とは言えない。

サッカーならば高校の部活動に参加せずとも、Jリーグの下部組織であるユースチームに所属し、そこからプロへ進むという道もある。その場合、高体連に所属する各高校が参加する選手権大会やインターハイなどとは縁のない3年間を過ごすことになる。クラブユースの選手たちはレベルの高い選手だけを集めた組織の中でエリート教育を施されるわけだ。

その点、高校野球では、高校から野球を始めたような選手も、高校卒業後ドラフト1位でプロ野球チームに入団するような選手も同じ組織に所属しているため、必然、レベル差が極端になる。地方大会の1回戦や2回戦で、まるでラグビーの試合のように20点差、30点差といったスコアになることも珍しくない。

本来、これだけ差のあるチーム同士が試合を行うのは無理がある。また、石のように固いボールを使うため危険だ。ただ、そうした多種多様な思想および形態を持つチームが一緒くたとなり、アンフェアで不平等なことを承知の上で、世界でも稀《まれ》なビッグトーナメントを戦うところに高校野球の最大の魅力はある。

地方の片田舎にある公立高校のように、どんなにがんばっても未来永劫、甲子園の夢には手が届かないだろうなと思える高校も無数にある。しかし、そんな高校の監督であっても、注ぎ込んでいるエネルギー量は、甲子園常連校の監督と同じか、それ以上に感じられる監督を何人も見てきた。

いったい高校野球の何が、そこまで彼らを駆り立てるのか——。

この本は、私がこれまでさまざまな雑誌等で書き綴ってきた監督にまつわる記事を一冊にまとめたものだ（所属チーム、肩書、記録等は、原則、雑誌掲載時のまま）。本書で取り上げる20人は、高校野球の監督という「非職業」に、文字通り、殉《じゅん》じた人たちである。

いずれも強豪校の監督で、何度も甲子園に出場している。とかく常連校は「あそこは選手がいいから」のひと言で片づけられてしまわれがちだが、とんでもない。能力の高い選手を集めただけで勝てるほど団体スポーツは甘くない。もう一つ言えば、選手勧誘ほど大変なこともない。それを経験したことのない人が、スカウトに熱心な高校を簡単に非難すべきではないとも思う。

弱小校にも熱心な監督はたくさんいるが、強豪校の監督は、ほぼ例外なく、どの監督も常人の発想からは逸脱していて、ゾッとする反面、どこか可笑《おか》しくもある。

彼らこそ、高校野球の監督が非職業であることを究極の形で体現した者たちである。

勝って人をつくる

常総学院

木内幸男

1985〜2003
2007〜2011

木内マジックよ、永遠に

甲子園ヒーローズ
2003年9月10日

仁志敏久（元横浜）が、「いいのかな」と少しいたずらっぽく笑いながら、木内幸男《きうちゆきお》の学生時代のエピソードを話してくれた。

「試験で答案用紙の下に、カンニングペーパーを隠してたらしいんです。それが先生にばれて。で、『下のものを見せてみろ』っていわれたとき、『見せてやるけど、何もなかったら、どうなるかわかってるんだろうな』と。そうしたら、先生も『じゃあ、おまえを信じよう』と。結局は、カンニングしてたんですけどね」

木内は、そういうものを持っていたし、選手にもそういうものを期待していたという。

仁志は、常総学院時代、1年生のときからレギュラーとして活躍し、1987年から3年連続で夏の甲子園に出場している。木内が、「俺の腹ん中読めたのはあいつだな」と語る選手である。

木内には、このエピソードが示すように、肝《きも》が据《す》わっているとともに、海千山千の曲者といった雰囲気が漂う。ちなみに、〝カンニング事件〟の真偽について確認したときの反応はこうだった。

「それは、話っ、話だっ。つくった話もあんだよ、指導者には」

結局はぐらかされた。木内の後任監督に内定している持丸《もちまる》修一（現・専修大松戸高監督）はこんな言い方をしていた。

「普通の監督は子供に、だまされまい、だまされまいってやるでしょ。木内さんがすごいのはだまされたふりができること。そうやって選手が気づかないうちに、手のひらの上で転がしてんですよ」

だましたり、だまされたふりをしたり。いずれにせよ、このような一面を持っているからこそ、巷間《こうかん》こう呼ばれることがあるのだ。

「たぬき親父」

ときに畏怖を込めて。ときに揶揄《やゆ》を込めて。ときに敬意を込めて。

木内は1931（昭和6）年7月、茨城県土浦市に生まれた。少年時代は、沢村栄治を擁した巨人の黄金期で、土浦でも野球熱が盛んになってきたころだった。父親に「不良化防止だ」と町の野球チームに入れられたのが、野球をはじめたきっかけだった。

その後、県下でも有数の進学校である現在の土浦一高に進学し、そこで野球部に所属した。高3の夏の茨城大会の準々決勝で、センターを守っていた自分のエラーで逆転負けを喫したことがその後の人生を決めたという。後輩たちに同じ思いをさせてはいけない、そのためにも自分が指導してやろう、と思った。

「昔の人間だからよ、借りがあるという感覚を持つんだよ」

1950年、朝鮮戦争が勃発《ぼっぱつ》した年に土浦一高を卒業し、そのまま母校のコーチとなった。そして53年には監督就任。以来、土浦一高で4年間、取手二高で27年間、常総学院で19年間、都合50年間、高校野球の監督として指揮をとってきた。

その木内が、72歳を迎え、「そろそろ年齢がコンプレックスになってきた」と、この夏で第一線を退くことになった。「たぬき親父」がふつうの親父に戻るのである。

今大会（2003年夏）の2回戦、大一番といわれた智辯和歌山戦でのことだった。エース・磯部洋輝が打ち込まれ、茨城大会で1回3分の1しか投げていない飯島秀明を5回途中からリリーフさせた。ベンチでは「どうせ点取られっから、もっと点取らねぇと」と話していたらしいが、それで気持ちが楽になったのか、飯島は好投した。

5回裏2死二、三塁の好機では、初戦で2点タイムリーを打っていた井上翔太の代打に、茨城大会で1打数ノーヒットの上田祐介を送る。ピッチャーゴロ、と思いきや、相手投手が一塁へ暴投し2点が入り、結果的にこれが決勝点となった。7回裏には、その上田に代わって二塁を守っていた1年生の佐藤一平がライト前へ貴重な適時打を放つ。投手交代について木内は、

「磯部がつかなすぎました。野球には運が必要。人のいないとこばっか打球がいって。ツキ

で代えちゃいけないんですけどね、ま、カンですかぁ」

とさらりと語ったが、メディアはいっせいにこう伝えた。

「出た！　木内マジック」

敗れた智辯和歌山の高嶋《たかしま》仁《ひとし》監督は「木内さんはあたりまえのことをやっているだけ」と振り返った。とはいえ、采配を振るたびにマジックではないかと思わせ、あるいは惑わせ、世間を賑わせる時点で、すでに木内マジックは効いているといえるだろう。

木内はとぼけたふりをしているが、ちゃんと考えている。「マジック」と称される采配は、細部まで行き届いた思考の賜物なのだ。

ただ、まじめに話すのは恥ずかしいからか、最初ははぐらかす。「あははは」と煙幕を張ることもある。でもそれに惑わされずに耳を傾けていると、心の内をのぞかせてくれることがある。

たとえば、木内は喜んでいる姿をめったに他人に見せない。春夏合わせて20回も甲子園に出場しているが、祝勝会の類いを開いたことはほとんどないという。

「試合に勝って、学校に寄るより、うちに真っすぐ帰りてぇと、ゆータチなんだね、俺は」

照れくさそうに話してからしばらくすると、その裏に隠されたこんな処世術を開陳《かいちん》してくれる。

「あと、大喜びすっと、にらまれるんだよ、世間に。謙虚なほどいい。だから、勝って悪口いわれねぇもん、うちの学校は」

こんなこともあった。今年の茨城大会初戦。常総学院は5‐3と格下相手に苦戦を強いられた。ベンチ入りメンバー20人のうち18人もの選手をつぎ込んだ総力戦。木内は試合後、「これが夏の大会の怖さなんですかねぇ～」、そう顔をしかめた。しかし次の試合後、こう本音を打ち明けた。

「自ら苦しむようにもってってたんだからね、ほんといえば。先発の仁平（翔）に放らせとけば、コールドで終わっちゃうんスから。でも、そんなことやっても意味ないの。夏の怖さを知ってチームを引き締めたい、ゆーのがあったんです」

また、このころ、常にチームの「調整遅れ」を強調していた。それは、一面では事実だったが、裏には緻密な計算が働いていた。

「目標は甲子園ですから。こっちで絶好調でも、むこうでバッティング落ちたよぉ～じゃ、意味ないんです。だから、遅らぁ～せてコンディションつくってるんです」

たぬき親父は、頻繁に自ら「化けの皮」をはぐ。木内を尊敬しているという明徳義塾監督の馬淵《まぶち》史郎《しろう》が、こう評したことがある。

「ごまかそ思っても、半分くらいはホントの話になってる」

木内は一度も教壇に立ったことがない。常に専業監督として選手を指導してきた。そのため、経済的には不利な立場に立たされることも多かったが、監督としては有利に働くことも少なくなかった。

「学校の先生だと、選手が何か悪いことをした場合、処罰を考えんの、職業上ね。でも、社会人が指導するとね、次にやらせない方法を考える。そのときは大目に見ちゃうのよ。だからどんな生徒でも受け入れられんの」

「教育の一環」というタテマエに縛られない木内は、高校野球に対してノスタルジーや憧憬を抱くことはない。それは、「駒のように使う」といわれる選手起用に象徴的に表れる。木内は選手の先天的な能力を重視する監督だ。

「ピッチャーは生まれるもの。バッターも生まれるもの。野手はつくるものっていうんです、はい。長距離バッターだとか、好投手なんて、遺伝子の問題だぁ」

取手二高時代、1977年夏に木内が初めて甲子園に出場したときの中心メンバーだった大野久（元中日）が話す。

「こいつ一生懸命やってるから起用しようということは、まずなかった。ダメだと思ったら簡単に切っちゃう。普通、そんなことして、こいつ不良にでもなったらどうしよう、とか考えるじゃないですか。そういうのがないんですね」

それを木内の言葉に直せば、こんなふうになる。

「結果出せば、10日しか練習こない子でもレギュラーよ、うん。でも、腰痛を2回やった部員には、もう選手にしないから上がれ、と。練習生にしたりすんです」

常総学院には、「学生コーチ」と呼ばれる制度がある。木内はそれを「練習生」といっているのだが、選手としての活躍が見込めないと、練習の手伝いしかできなくなってしまうのだ。

木内野球に惚れ込み、木内を常総学院に引っ張ってきた理事長の桜井富夫は「こういう面を知ってる人はほとんどいないけどね」と前置きしてから続けた。

「前は甲子園から帰ってくると、1週間ぐらい入院させるなんてことがあった。甲子園終わるとズタズタだから。骨、削ってるようなもんだからね」

今大会の開会式前日のことだった。練習場で1時間半近くも新聞社などの取材に応じ、そろそろ記者たちも切り上げるかという雰囲気になったとき、木内が今までとは違った口調でだれに話すともなくこんな話をはじめた。

「自分の采配を当てて勝ったとき、夜、なかなか寝つけねぇのよ。興奮して。50年もやって、まぁだ、ふとんの中にあんだ、野球が。ばかみてぇだ、考えてみっと。精神安定剤飲んでんだ。でも、飲んでもダメなんだよ。野球は薬に勝るんだな。あははは。俺にとって、麻薬なんだよ、野球は」

少し間があった。

「野球よりおもしろいものはないって承知してたからね……。辞めるって発想にならなかった。取手二高のころ、俺の給料として年間120万あった予算が100万しかなくなって、学校から、監督お辞めになりますかって聞かれたんだ。とーぜん、辞めると思ってたもんね。でも辞めなかった。いくらでもよかったんだよ。あはははは。……はは」

木内にとって野球は「辞める」ものではない。「断つ」ものなのだ。

砂とサイレンの夏

週刊現代
２００９年８月15日

木内幸男にとって野球とは「酸素」なのだ。魚が呼吸するために口をパクパクするのと同じように、木内も練習中、せわしなく口を開閉する。

「打つ練習じゃないんだよ！　細工（サインプレー）の練習なんだよ！　今ごろ、打ったって、しゃーねえだろ！　少年野球じゃねんだよ！」

６月某日。甲子園へと続く茨城大会が始まるおよそ１ヵ月前。学校にほど近い常総学院の専用球場に、ワイヤレスマイクを通した木内の声が、ぐわんぐわん、反響していた。７月に78歳を迎えるが、まだまだ声の張りは健在だ。

木内は公式戦のとき以外はユニフォームを着ない。普通の襟付きシャツに、普通のスラックスに、普通の黒い靴に、ゴルフキャップ。見慣れている者にとっては、むしろこっちのほうが木内の「ユニフォーム」だ。

残響が、前の声を追いかける。まるで輪唱だ。

「おい！　おい！　サードランナー！　サードランナー！　おまえ！　おまえ！　言ったろ！　言ったろ！　何でスタートしてねーんだよ！　何でスタートしてねーんだよ！」

ある選手いわく「風が強いと、声が流されて、ほとんど聞こえないんですよね」。いや、畳み掛けられると、声が重なり、風が弱くてもかなり聞き取りづらい。

夕方4時から夜の7時まで、3時間の練習のうち、優に1時間ぐらいは何かをしゃべっている印象だ。

教え子のひとり、小菅《こすげ》勲《いさお》（現・土浦日大監督）が語る。小菅は、1984年夏、木内が取手二高を率いて初めて全国制覇を成し遂げたときの三塁手だ。2000年から同じ県内の下妻二高の監督を務め、この春は甲子園にも出場している。

「普通は、自分を遠くから見ているもうひとりの自分がいるじゃないですか。そんなにしゃべり過ぎたら疲れるんじゃねえか、とか。でも、じいさんの場合、それがない」

小菅は、恩師のことを愛情を込め「じいさん」と呼ぶ。小菅は大学時代、常総学院のコーチを務めていた時期がある。

「試合が終わって監督の部屋へ行くじゃないですか。そうするとよく、ネクタイを締めてるのに下はステテコ姿で、広告の裏とかに明日の試合のことをダーって書いているんですよ。着替えているときに、ひらめいちゃったんでしょうね」

試合前日、木内は、翌日のオーダーを組むと同時に幾通りものゲームプランを考えておく。

水城《すいじょう》高校の監督、橋本実（故人）もそんなシーンを目撃している。橋本はかつて名門・水戸商を指揮していたこともあり、その頃、水戸商は常総にとって県内における最大のライバルだった。

「茨城県で選抜チームを組んだとき、監督が木内さんで、コーチが僕だった。試合の前の日、木内さんが隣の部屋でずーっと何かやってて。確か6月ごろで、ワイシャツにステテコ姿だったかな。2時間後ぐらいに『これでいいか』って1枚のわら半紙を持ってきた。そのA3の紙は、文字でびっしりと埋まっていました。1回から3回まではこう、中盤はこう、終盤はこう、って。授業で言うところの指導案ですよね。そういう準備をしているからこそ、1試合で17人も18人も使い切ることができるんだと思った。みんなマジック、マジックって言うけど、入念にタネを仕込んだマジックなんです」

ゲームプランを練るとき、木内は、常に最悪のケースを想定しているという。

「監督は、いい想像なんてする必要はない。だから見逃し三振をしたらこいつに交代、フォアボールを出したらこいつに交代、ってあらかじめ考えておく。厳しいけど、それが私学の野球だから。エースをしっかり決めて、9人でやって、これで負けたらしょうがないというのは公立の野球。私学は負けを肯定しちゃダメなの。宣伝のためにやってんだから。そのために3倍も4倍もお金かけてんだから。こいつと心中なんて、お金がもったいない。へへへへへ」

木内の理論は、ときに非情とも、横暴とも思えることがある。だが、否定しきれない力があるのは、美談では済まされない高校野球の現実があるからだ。

常総学院で1987年から3年連続で夏の甲子園に出場したときの中心メンバー、仁志敏久（元横浜）がこんな話をしてくれたことがある。

「自分は学校の先生じゃないからウソはつかない、っていつも言ってましたね。たとえば、学校の先生なら『僕は東大に行けますか』って聞かれたら、『がんばれば行ける』って答えなければならない。でも、俺は違う。『おまえがどうがんばったって東大は無理だよ』って言える、と。もちろん、そうやって嫌な思いをした選手もいるんでしょうけど、それが木内さんなりのやり方なんです」

木内は常総学院の前に、土浦一高で4年間、取手二高で27年間、計31年間指揮を執っている。だが、甲子園切符を初めて手にしたのは24年目、46歳のときと遅咲きだった。そして、そこから堰《せき》を切ったように勝ち始めた。

「それまで県内では高校野球は人間修養の場だという考えが主流だった。勝ち負けよりも立派な人間をつくるんだ、と。でも、勝って不幸になる人間はいないのよ。勝てば嬉しい。だから、我慢ができるようになる。何言ったってホントに聞こえてくるからな。ガハハハハ。育てて勝つより、勝って育てるほうがはるかに簡単なの。それに気づいちゃった！」

高校球界において名将と呼ばれる監督の中で木内ほど技術的なことに無頓着な監督もいない。口やかましく言うのは、いつだって勝つためのタクティクスだ。

「いいピッチャー、いいバッターってのは生まれるものだから。遺伝子！　つくったピッチャー、つくったバッターはたかが知れてる。俺らが与えられるのは知識しかない。あの凡退はねえよ、とか、あの走塁はねえだろ、とか。おーらかにやっているように見えて、中味は細かいのよ」


木内は2003年夏、3度目の日本一を最後にいったんは50年に及んだ監督生活にピリオドを打った。だが4年間のブランクを経て、2007年夏、監督に復帰した。

「半分ぐらいの人たちが、自分がやりたくて、前の監督をおっ飛ばしたんじゃないかと思っているらしいけど。今さら好き好んで泥被《かぶ》るバカ、いないよ。あんないい辞め方して。ただ、やると決めたらとことんやる。いい年して、ひ孫みたいな高校生にムキになって、正直、自分が嫌になるときもある。でも、それが監督の仕事なのよ」

そんな木内を誰よりも長く、誰よりも近くで見続けていた妻の千代子が、この春、感染性心内膜炎のために亡くなった。一緒に住む一人娘の岡田京子が話す。

「うちの母は、最後のほう、認知症だったのですが、それでも父はずーっと話しかけていました。夜、寝る直前まで。今日の試合はこんなだったー、あの選手がいいんだー、って。だから、どうなるか心配でしたけど、やっぱり野球があってよかったですね。でも、負けるとかわいそうでねえ……。すっかりしょげ返っちゃいますから。また監督に戻って、それを見なきゃいけないのがいちばん辛いんですよ」

当の本人は妻の死についてはこうとだけ語った。

「球場へきたら、もう野球だけ。生きてる人間のほうが大事だ。ただ、試合が終わって帰ったとき、カツオと冷や奴を出してくれる人がいなくなっちゃったなー、ってのはありますけどね。でも、それは娘が代わりにやってくれるかな」

木内と話をしていて、湿っぽい雰囲気になることはまずない。葬儀に参列した小菅はこう話す。

「お葬式のときも、よく喋っていましたよ。夏の大会の話になって、僕もがんばります、みたいなことを言ったら、じいさん、『いや、がんばらせねえ。簡単には勝たせねえ』って。いつもそんな調子ですからね。明日も、明後日《あさって》も、明明後日《しあさって》も、じいさんの中にあるのは野球だけなんですよ」

少なくとも木内は誰かを励まそうなどという、そんなツマラナイことのために野球をやっているのではない。

この夏、木内は22度目となる甲子園出場を果たした。

「うちはノルマがある。大阪でも2つは勝ちたい。ただ、今年はつくったピッチャーだから大変だよ。もともとがキャッチャーだから。ああ、生まれたピッチャーが欲しいなー」

そのぐらいは丁度いいハンディだろう。なぜなら、木内幸男は「生まれた監督」なのだから。

名将最後の哄笑

Number
2011年9月1日

ピリオドではなく、コンマのような終わり方だった。そう、まだ続きがあるような。

場所は、茨城県の「聖地」とでも呼ぶべき水戸市民球場。時計の針は、午前11時50分を回ったところだった。

9回表、2死一、三塁。代打・吉澤宗希の当たりは、ボテボテのショートゴロになった。

まだ、信じられなかった。ショートが難なく捕球し、一塁へ送球する。それでもなお、頭がすぐには現実についていけない。

歓喜と、ざわめき。それらが同時に沸き起こる。

常総学院のスコアボードには、確かに、「0」が9つ並んでいた。

0－2。

2011年7月27日。晴天。木内幸男が率いる常総学院は、茨城大会の準決勝で敗れた。

相手は第4シードの藤代だった。最後の夏だというのに、甲子園まで、あと2勝も、足りなかった。

「甲子園行ったら、パンダになっちゃうからナー。どっちでもよかったんだよ、ホントの話。ガハハハハハハ」

試合後、木内は、取材陣と接するときはいつもそうであるように、あくまで陽気に振る舞った。ときどき聞き取れなくなるほどの強い茨城訛《なま》り。それさえ付け足せば何を言っても許されてしまいそうな豪快な笑い声。興奮してくると白い泡がたまってくる口の端。それらも、いつも通りだった。

「監督辞めっからって、プレッシャー、かけすぎましたね。あんなに選手がかたくなったの、初めて見ました、ハイ。監督なんか、辞めても、死んでも、生きても、関係ないですよ。この歳ですからね。あらー、イヤだ」

木内は、1931年7月12日に茨城県土浦市に生まれた。そのおよそ2ヵ月後、柳条湖事件に端を発する満州事変が勃発している。もはや歴史の教科書の中の世界だ。

つまり毎年、夏の茨城大会を迎える頃、自分の新しい年齢に気づかされることが恒例行事になっていた。

木内がおどける。

「もう、80だぞ。ショックで寝込みたくなったよ。いや、そんなになったって気がつかないから、監督やってたんだよ。尋常じゃないもんな、80になっても野球やってるなんて。何ごとかって思うよ」

木内が勇退を決断したのは、この4月だった。

「理事長に『どうだい？』って聞かれたから『もう、無理だ』って。復帰したとき『グラウンドで倒れろ』なんて言われたもんだから、倒れるまで辞められねえんだって、自分からは言わなかったんですけどね。聞かれたら、ダメだって言うしかないでしょう」

まだ監督を続けたかったようにも受け取れる言い方だった。それでいながら、学校側のそろそろ後進に道を譲ったらどうかという空気を感じ取り、自ら辞めると申し出ることで、波風が立つことを回避したのかもしれない。

もちろん、そうであったとしても、学校サイドも木内の身を案じてのことだったのだろう。木内は、あっけらかんとカミングアウトした。

「前立腺ガンだからな。2〜3年前から、大学病院、待たせてあるんだ。年だからもうガンは進まないって言われてたんだけど、進んじゃった。治療するなら、今しかねんだ。年だから手術はやってくんないんですけどね」

この夏の木内は、顔や首のあたりがひどくむくんでいた。それも薬の影響だったのかもしれない。

実は2003年に1度目の辞任をしたとき、直後、腎臓にガンが見つかり、手術を行っていたのだ。

「俺の体は不思議だよー。あのときは、辞めたら、すぐ見つかったんだもん」

木内が常々「麻薬だよ」と語る野球を断った途端、再び何らかの形で「禁断症状」が出ることを怖れているようでもあった。そして、こう小さく開き直った。

「野球を辞めちったら、治す意味もねんだけどな。あは」

その言葉だけは、どれだけふざけてみても、冗談には聞こえなかった。


球界広しといえども、魔術の使い手と称され、それが定着した監督は3人しかいない。西鉄を始めとするプロ3球団を優勝に導き、魔術師と称された三原脩《おさむ》。その三原の教え子、仰木彬《おおぎあきら》。そして、木内幸男だ。

木内マジック――。

いわゆる常識では考えられない作戦や起用法がズバリ的中することから、木内の采配はいつの頃からか、こう呼ばれるようになった。

その印象を決定づけたのは、取手二高を率いて茨城県勢初となる全国制覇を果たした1984年夏、PL学園との決勝戦で見せた継投策だった。当時のPLには「KKコンビ」こと、2年生の清原和博と桑田真澄がいた。

4-3と取手二高の1点リードで迎えた9回裏。エースの石田文樹(元大洋、故人)は、先頭打者に本塁打を許し同点とされると、動揺し、続く打者にデッドボールを与えてしまう。

ここで木内は、石田をライトに下げ、左横手投げの柏葉勝己をリリーフに送る。そして、PL学園が送りバントを失敗し、1死一塁とすると、4番・清原和博を迎えたところで再び石田をマウンドに呼び寄せたのだ。

当時の主将で、のちに近鉄、阪神でプレーした吉田剛が思い起こす。

「今でいうワンポイントですよ。当時はプロでもそんなことやっていなかった。僕らもあのとき初めて見たんです。でも、石田がまたマウンドに戻ってきたとき、表情がガラリと変わってたんですよ」

石田は結局、清原を三振、5番・桑田は三塁ゴロに切って取り、木内の期待に見事こたえてみせた。

木内が「種明かし」をする。

「あんなに嬉しそうな顔をしてマウンドに上がったピッチャー、いなかったよ。ライトに戻って、冷静になったんだろうね。嬉しそうな顔をしてマウンドに上がったピッチャーは、みんないいピッチングをすんだよ」

2003年夏、自身3度目の全国制覇を達成したときも、似たような「ショック療法」を行い、下降気味の投手を上昇気流に乗せた。

2回戦の智辯和歌山戦。エースの磯部洋輝の出来がいまいちだと判断するや否や、茨城大会では絶不調で1回3分の1しか登板機会を与えられなかった右横手投げの飯島秀明にスイッチ。すると、その飯島が全国屈指の強力打線を相手に見違えるような投球をし、5回をわずか1失点に抑え、6-3でチームを勝利に導いたのだ。

当時、捕手の大崎大二朗はこんなことを覚えている。

「甲子園出場が決まったあと、監督さんに呼ばれて『飯島を再生させないと甲子園では勝てないぞ。何とかしろ』って言われて。それを飯島に伝えたら、ものすごい喜んじゃって。干されたと思ってたんじゃないですか」

大崎と飯島は調子がよかったときの映像をチェックし、腕を下げアンダースロー気味にするなど技術的な修正を行った。しかし木内が求めていたのは、むしろ「ものすごい喜んじゃって」という心の変化の方だった。

「嬉々としてマウンドに行ったからね。あんなに喜んでマウンドに行くやつを見たの、ＰＬのときの石田以来だったな。だから、たいしたピッチャーじゃないのに、コーナーワークだけで抑えちゃうんだよ」

飯島は3回戦以降も毎試合登板し、そこからは1点も取られなかった。優勝を決めた瞬間、最後にマウンドにいたのも飯島だった。試合後、木内はそんな飯島を「神様、飯島様だな」と讃えた。

いったん圧力を加え、その反発力を待つ。それは木内の常套手段だった。

この夏の茨城大会でも、こんなシーンがあった。準決勝、初回に1点を先制されて迎えた2回表。ノーアウト一塁の場面で、木内は6番・杉本智哉に強攻を命じた。たまたま記者席の後ろで観戦していた松林康徳にその意図を尋ねると、こう即答した。松林は、03年夏のチームの主将で、現在は母校でコーチに就いている。

「さっき三塁の守備でミスしてますからね。こういうときは打たせるんですよ。自分で取り返せ！　って」

木内の教え子に聞くと、必ず「監督さんはミスをしても、またチャンスをくれる」と話す。だが、それは、うがった見方をすれば、むしろ、木内はそんな選手をうまいこと利用しようとしているのだ。

木内の「口撃」は容赦ない。たとえば以前、練習試合をしているときも、煙草を片手に、ひっきりなしに大きな声を張り上げていた。

捕手との呼吸が合わず、投手がプレートを外すと――。

「ダメ！　放らなくちゃ！　頭、使うことねーんだよ！」

投手が打ち込まれ、内野陣がマウンドに集まると――。

「集まる必要ねえよ！　力がねーんだよ！　必要ねえって！　いたわる必要なんかねって言ってんだよ！」

練習中も基本的にはこの調子だ。常総学院の練習グラウンドは、いつ訪れてもスピーカーを通した木内の声がぐわんぐわん反響していたものだ。

「おい、サードランナー！　おまえ、おい、おい！　言ったろ！　サード側に転がったらツーランスクイズ、できるって言っただろ！　なんでスタートしねんだよ。あんなバカ、高校生の中に入れるんじゃねーよ！」

それに対し、選手もただ黙っているわけではない。

「うっせー、クソジジイ！」

「死ね、クソジジイ！」

そう監督を罵倒するのだ。木内は木内で、それを聞こえなかったかのようにやり過ごす。

松林が説明する。

「たぶん、喜んでるんだと思いますよ。そういう気持ちになるのを待っているところがありますから。ある意味、ケンカですよ。監督とケンカして勝てば打てるし、負けたら打てない」

木内とは50年来の付き合いになる持丸修一は、そんな木内のことを次のように評する。持丸は竜ヶ崎一高や藤代など茨城県内の監督を歴任し、現在は専大松戸（千葉）の監督を務めている。木内が03年夏に勇退し、07年夏に復帰するまでの4年間、常総学院でも指揮を執っていた。

「普通の監督は、子供に、だまされまい、だまされまいってやるでしょ。木内さんがすごいのは、だまされた振りができること。そうやって選手が気づかないうちに、手のひらの上で転がしてるんですよ。でなきゃ、代打なんて、普通、打たないんですよ」

01年春の選抜大会で優勝したときの主軸、横川史学《ふみのり》（元巨人）は、もっとも印象的な采配として3年夏の茨城大会の決勝戦を思い出す。

「水戸商に途中まで1－6で負けてたんです。そうしたら6回裏、三塁コーチャーとか1年生とか、3人ぐらい代打を送って、一気に4点とったんです。次の回も4点。それで9－7で勝ったんですけど、どうしてあそこであんなにパッパッパッと代打を出せるのかな、って」

頻繁な選手交代。これぞ木内マジックの代名詞だ。練習試合では、優に20人以上は使っていたこともある。

「今日は25人ぐらい出ましたか？　ゲーム経験を積ませるには、原っぱでやってちゃダメなんですよ。実戦じゃないと。グァハハハハハハ」

昨夏（2010年）、今春と2季連続で甲子園出場を果たした水城の監督、橋本実（故人）はそんな木内采配の意図をこう解説する。

「普通、練習試合っていうと、選手の練習だと思うでしょう。でも、木内さんは違う。練習試合を通して、ありとあらゆる戦術を監督が練習してるんですよ。そうやって持ち駒を掌握しているからこそ、公式戦になったときに意のままに選手を使うことができるんです」

公式戦でも茨城大会の序盤は毎試合のようにベンチ入りメンバーをほぼ使い切る。この夏も初戦となった2回戦から4回戦までは毎試合、18人の選手を使った。そして4回戦終了後、こう宣言した。

「やっと使える人と使えねえ人がわかりました。これで明日からベストメンバーでできると思います。よく一戦必勝って言うけど、優勝するチームがそれじゃダメなんですよ。狙って優勝しないと。うちはまだエースもデビューしてないですけど、要するに、力を温存しながら戦えないようでは優勝できないんですよ」

また、ある投手について、こんな発言も飛び出した。

「(背番号)18番？　あれは使い捨てだから。まだ2年生だからね。来年がんばればいい」

こうした感覚ゆえのことだろう、木内は選手を駒のように扱う——。これも、よく聞く言葉だ。

本人は選手のことを「鵜飼いの鵜」にたとえる。

「ヒモつけてた方が勝てるんだよ。でも、鵜飼いは今、はやらねーのよ。選手がヒモ、嫌がるから」

木内の中にも葛藤はあるのだ。

03年時の「3番ショート」、坂克彦(元阪神)が思い出す。坂は1年夏に甲子園に出たとき、すでにベンチ入りしていた。そのときの2年生が横川らである。

「2回戦の秀岳館(熊本)戦のとき、試合前にベンチで、監督がいきなり『おまえら帰りたいか』って聞いたんです。そんとき、先輩たちは何も言わなかった。僕も、何言ってるの、このおっちゃん、って思ってた。そうしたらノーサインで試合をさせて、0-3で完封負けしたんです。選抜の優勝チームですからね。あのチームが完封負けしたのなんて、そのときが初めてだと思いますよ」

その2年後。03年夏も、選手たちは同じような問いかけをされた。坂が続ける。

「智辯和歌山に勝った後ですよ。『おまえら、そろそろ夏休み、欲しいか』って。誰か何か言うのかなって思ったら、キャプテンの松林が言ったんです。『いや、まだまだ勝ちたいです！』って」

もちろん、そのことは松林も覚えていた。

「あんときは純粋な木内信者でしたからね。泥水を飲めば勝てるって言われれば飲んでたと思いますよ」

その2つのやりとりを、木内はこう記憶している。

「全国優勝したときは、勝ちたいからサインを出してください、っていうから出したんだよ。でも、その2年前は、好きにやっていいよ、って言ったら、生徒たちは喜んで自分たちだけでやっちゃった。任せるって言い方は、言葉は綺麗なんですけどね。それじゃ誰も授業料、払わないでしょう。いろんなこと教えてもらえるから授業料払うんでさ。ヒモ離すの、親切でもなんでもねーんだよ」

「木内マジック」という言い方には、驚きと同時に、多少の揶揄も込められている。正攻法ではないだけに「あの人は野球を知らない」「あの人の采配は邪道」という関係者も少なくない。木内があたかも、第六感といった不確かな力を頼みにしているようなイメージも含まれている。しかし、実際の木内は、そんな印象とは正反対の徹底したリアリストである。木内は超高校級のエースや4番以外の選手で戦えることを証明した監督でもある。

持丸は「木内さんが投げかけたものはすごいよ」と感嘆する。

「それまでは甲子園で勝つにはプロに行けるような選手をつくらないとダメだって思っていた。でも、木内さんがそうじゃないことを示した。アンダースローのへなへなっとした投手でも甲子園で戦える。それと、茨城も甲子園に出たら勝たないとダメなんだって思わせた。これはあの人の最大の功績でしょうね」

取手二高が優勝旗を持ち帰る前まで、茨城県勢は甲子園で3勝以上挙げたことがなかった。木内いわく「茨城県史上、最強のチームだった」という豊田泰光（元西鉄）、加倉井実（元巨人）らの超高校級打者を擁した52年夏の水戸商でさえ、2回戦で早々に敗退している。この出来事は県内関係者の劣等感をさらに強めた。

取手二高の優勝メンバーの内の一人、小菅勲（現・土浦日大監督）は話す。小菅は下妻二高の監督として、すでに2度、甲子園出場経験を持つ。

「僕らが日本一になるまでは、ちょっと前の東北のような感覚だった。甲子園に出られれば満足。優勝なんて考えたこともなかったですから」

木内は茨城が勝てなかった理由を「学生野球の父」と称された飛田《とびた》穂洲《すいしゅう》（水戸中－早大）

の存在に求める。

「飛田さんは、学生野球は勝ち負けよりも修養を積む場だという考えの人だった。だから茨城の人は必勝の信念がないのよ。立派な野球をやっていくことの方が大事だという大きな流れがあったから」

そんな本流の遡行《そこう》を最初に試みたのが木内だったのだ。

木内は県下有数の進学校である土浦一高を卒業した後、予定していた大学進学を断念し、そのまま母校のコーチを買って出る。最後の夏、センターを守っていた木内は自分のエラーで逆転負けするという屈辱を味わった。その無念を今度は指導者となって晴らそうと考えたのだ。

ときは1950年。朝鮮戦争が勃発した年だった。

53年からは監督を任されるようになったものの、土浦一の監督職はあくまでボランティア。そのため56年、薄給ではあるが賃金を出すと申し出た取手二高に移る。

小菅は、現役時代、木内がよく「オレは6万円しかもらってねえんだ、ふざけんな！」と言って癇癪《かんしゃく》を起こした姿を記憶している。

「特別活動費とかなんとかいう名目だったらしい。本当に、それだけ。あとは奥さんが働いていたんです」

報酬としてはあまりにも少ない。ただ、木内にとっての最大の強みは、その報酬を野球部の監督であることによって得ているという自負だった。

「私は職業監督でしたから、存在感を示すには結果を出すしかない。もちろん、人間づくりも必要なんですよ。でも、勝って不幸になる人間はいないのよ。それに、勝って喜びを知れば、人間は我慢ができるようになる。つまり、修養を積ませるには勝つチームにするのがいちばんカンタン。それに気づいちゃったのよ！」

そのため、安っぽい道徳論を押しつけるようなこともなかった。

木内は、取手二高時代の初期、校内の購買部の店員をしていた。その頃などは、素行の悪い部員に対し「万引きするならここでやれ」とたしなめ、外へランニングをしに行くという部員には「ホタルが飛ぶ（煙草を吸うの意）からやめとけ」とやんわり指導した。

木内独特の人心掌握術だった。また木内は、常々「俺は学校の先生じゃないから嘘はつかない」と話す。

「学校の先生はオブラートに包んで話すから。『僕は東大行けますか』って聞かれたら『努力すれば何とかなる』って言わなきゃなんない。でも俺は、どうがんばっても東大に行けない子には『おまえは絶対に無理だ』と言う。それと同じで、レギュラーになれないやつには、はっきり言うんだ。辞めちゃいなさい、って」

何とも痛烈なパラドックスである。

常識外れ――。木内の人間性や野球観は、そうよく言われたものだ。だが、それは適当ではない。木内は常識を超えていたのだ。

木内は公式戦のとき以外はユニフォームを着ない。襟付きシャツに、スラックスに、黒い革靴に、ゴルフキャップ。夏場は、これが、アロハシャツに、バミューダパンツに、下駄に、麦わら帽子にそれぞれ変わる。

また木内は、取手二高の頃から、実に先進的な考えを持っていた。松沼雅之（元西武）が証言する。松沼は、４つ上の松沼博久（元西武）とともに、全国制覇を成し遂げる10年ほど前に木内の教えを受けていた。

「夏休みも一日3時間以上は練習をしなかった。暑いから、そんなに練習をやってもしょうがない、って。休憩も2回ぐらいあったし、氷水を飲んでもよかった。あの時代にしたら、相当、進んでますよ。秋の大会が終わったら、僕らは1月ぐらいまでは長髪でしたしね。坊主頭なんてみっともない、って」

常総学院でも3年生だけは適度な長さなら許されていた。大崎が言う。

「五厘（刈り）とかにすると怒られましたから。3年生は大学のセレクションとか受けなきゃいけないじゃないですか。そのときに五厘とかだと何か悪さしたみたいな感じになっちゃう、って」

甲子園期間中、選手に私服を持っていかせるというのも常総学院ぐらいなものだろう。坂が話す。

「校名の入ったジャージだと、手を出せないのを知ってカツアゲとかされるかもしれないじゃないですか。だから外出時はいつも私服でしたね。毎日、ゲーセン行ったり、ラーメンを食いに行ったりしてました」

プロ入り後、坂がもっとも苦しんだのは練習量の多さだったという。

「普通、みんなは高校時代がいちばん辛かったっていうけど、僕は逆。高校時代がいちばん楽でしたからね」

木内は高校野球にありがちな理不尽な練習は一切、排除した。個人ノックとも、走り込みとも無縁で、「俺はノックやトレーニングでチームをつくらない」というのが信条だった。

大崎がこんな言い方をしていた。

「楽して勝てる方法を教えてくれる、数少ない監督ですよね」

木内を評する上で、これ以上の誉め言葉はない。

監督の仕事。それは勝たせることである。木内はそのことに誰よりも忠実だった。

木内はどういう人間かと聞かれたならば、おそらく正解はひとつしかない。それは、木内幸男である。

大崎は帰り際、こっそりとこんな話を教えてくれた。

「監督の血液型って、AB型のRhマイナスかなんからしいですよ。輸血のとき、大変らしいです」

Rhマイナス AB型は、２０００人に１人と言われている珍しい血液型である。本当か嘘かは別として、そんなことではまったく驚かなかった。

大阪桐蔭

西谷浩一

1998〜現在

名監督は名スカウト

「平成最強校」の見えざる執念

Number 2014年9月18日

日本一「臆病」な監督だから——。大阪桐蔭の強さの秘密は、そこに尽きる。

「うちが横綱って言われるのは、僕の体形を見てじゃないですか」

そう冗談を言って笑うのは、1998年から大阪桐蔭を指揮する西谷浩一だ。西谷の采配は堂々たる恰幅《かっぷく》とは対照的に実に細心だ。

自身、4度目となる全国制覇を遂げた2014年夏も、その性向は随所に見られた。

乱打戦となった準決勝の敦賀気比《つるがけひ》（福井）戦。1回表にいきなり5失点し、その裏、1点を返しなおも無死一、二塁と攻め立てると、カウント2ボール2ストライクと追い込まれながらも4番の正随《しょうずい》優弥に送りバントを指示。決勝の三重戦でも、4-3と1点リードの8回裏、無死一塁とし、またしても正随に送りバントのサインを送った。西谷が話す。

「慎重派なのは間違いないでしょうね。相手ピッチャーの映像も、もうええやろ、というぐらい見せますから」

大阪桐蔭には「タイミング取り」という練習がある。対戦する投手の映像を見ながら、素振りを繰り返すのだ。

「タイミング取りを朝10分やって、練習が終わってバスに乗り込む前に10分やって、宿舎についてご飯を食べる前に10分やって、食べ終わったら各自で10分やらせて、そのあと仕上げに全体でまた10分やるとか（笑）」

大阪桐蔭は試合中、2番手投手も休む暇がない。初回からブルペンに入りまずは肩をつくる。中盤に、もう一度つくる。終盤になったら、いつでも登板できるようキャッチボールをしながら肩を温めておく。どんなに万全な展開でも、西谷から「何がおこるかわからん」と投球練習しておくよう促されるため、ブルペンで100球近く投げることもざらだ。

とことんまで石橋を叩いて渡る性格だから、どんなにいい選手が入っても「素材任せ」に陥ったり、野球が雑になることがないのだ。

ただ、西谷はこう小さく愚痴をこぼす。

「すっごい選手ばかりおると思われてるけど、実際はそんなことないんですよ。2012年に春夏連覇したときも、春に田端（良基）が骨折して、違う選手が4番に入ってホームランを打ったもんだから、ジャイアンツみたいに選手があり余っているように見られた。ぜんぜん、そんなことないんですよ」

確かに、大阪桐蔭だけが、とは思わない。しかし全国的に見れば、トップクラスの選手が集まっていることは間違いない。OBの浅村栄斗《ひでと》（西武）に、なぜ大阪桐蔭出身のプロ野球選手は大成するのか尋ねたとき、こんな回答が返ってきた。

「入ってくる選手はみんなレベルが高い。そこでレギュラーになろうとすれば、自然と技術が上がっていく。競争の段階で、他の高校にはないものがある」

12年の春夏連覇の立て役者、藤浪晋太郎（阪神）でさえ、入学直後、中学時代に「愛媛ナンバー１」と呼ばれていた同学年の澤田圭佑（オリックス）のボールを見て「こんなエグい球を投げるやつがおるんか」と自信を失いかけたという。

大阪桐蔭は現在、一学年20人の計60人で活動している。その20人は中学時代、名を馳せた選手ばかりだ。だが「身内」になると西谷の目には物足りなく映ってしまうのだろう。

「もっとできるんじゃないかって思っちゃうんですよね。謙遜しているわけじゃないんですよ。森（友哉《ともや》＝西武）も、プロで活躍する姿を見て、すごい選手やったんやな、って。うちを出てから気づくんです」

また選手たちも、上には上がいるということを嫌というほど知っているため、慢心することがない。オフになると毎年のように中村剛也《たけや》（西武）、中田翔（日本ハム）、平田良介（中日）、浅村らＯＢが帰ってきて特打ちを行う。西谷は「それを見てたら調子になんて乗ってらんないですよ」と話す。「中田なんて金属バットで打ったら、１５０〜１６０メートルぐらい簡単に飛びますから」

そんな大阪桐蔭にあって、今年のチームは「スター不在」の世代だった。新チーム結成後、最初の公式戦は、秋季大会大阪府予選４回戦で履正社《りせいしゃ》に１－13で5回コールド負け。この敗戦によって選抜大会出場が絶望的となり、連続出場記録が4季で途切れた。

主将の中村誠は「桐蔭の伝統に泥を塗ってしまったと思った」と当時の心境を語る。

試合後、万博記念公園野球場周辺の木陰で、西谷は車座になり選手たちに語りかけた。

「このまま負けて終わりか？　おまえらにプライドがあるんやったら、いちからやり直すしかないんちゃうか？」

チームが変わったのは、そこからだ。底上げをはかるため、日本高校野球連盟が定めた練習試合ができる期限ぎりぎりの11月31日の夜まで試合を組んだ。ミーティングでは西谷も選手も、事あるごとに「日本一になるためには」と切り出した。この代から始めた交換日誌の表紙には「日本一になるための準備」と書き込み、その日誌に互いに何度も「日本一」という言葉を使った。

この夏、大阪桐蔭ほど「日本一」という言葉をよどみなく発しているチームは他になかった。反面、最近よく耳にする「楽しみたい」という言葉は、まったくと言っていいほど聞かれなかった。

決勝前、主将の中村は当然のように言った。

「この日のために練習をやってきたので」

そして、こうつけ加えた。

「監督に誉められたことがない。だから今日、日本一になって誉められたいと思います」

彼らは甲子園を目指しているわけでも、その甲子園で上位進出をねらっているわけでもない。決勝の舞台に立ち、そこで勝つために大阪桐蔭を選び、365日を過ごしてきた。

西谷は2年前から野球部員全員に寮に入ることを義務づけている。

「寮も、グラウンドも、山ん中です。そこで寝食をともにしながら野球に打ち込む。それが桐蔭の野球だからです。自由な時間が欲しいとか、通いの方がいいという子は、よその高校に行っちゃいますね。本当に野球が好きな子じゃないと続かない。でもそのぶん、よそより叩き上げてきたという自負はある」

かといって、西谷は目先の勝利だけに固執しているわけでもない。

「選手には高校で終わってほしくないと思っている。だから、時間があったら積極的に社会人野球の練習を見学に行かせたりしている。そういうことはどこよりもやってるつもり。うちは3年の夏が終わっても基本的に引退はないんです。夏が終わっても練習に参加し、進学先、就職先での野球に備えさせます」

この冬は、例年以上に体力作りに励んだ。選抜大会に出場する年は2月上旬から実戦練習に入るが、今年は春先になってもまだトレーニングを続けた。西谷が振り返る。

「久しぶりにじっくりと練習を積み、骨太なチームになったという手応えはあった。小手先ではない、夏型のチームになったな、と」

今年のチームは08年夏、浅村らを擁し、西谷が初めて全国制覇を成し遂げた年のチームと似ていた。秋に負け、それをバネに練習で練り上げ、足りない分は甲子園で試合を重ねながら補強していった。

この夏の甲子園も際どいゲームが続いた。1回戦の開星（島根）戦は初回に4点を先制されながら7－6で逆転勝ち。2戦目の明徳義塾（高知）戦は5－3で競り勝った。3回戦は八頭《やず》（鳥取）に10－0と大勝したが、準々決勝は「起動破壊」というキャッチフレーズを掲げ快進撃を続けていた健大高崎（群馬）に足をからめられノーヒットで1点を先制される苦しい展開に。中盤まで四つに組み、終盤、ようやく5－2と突き放した。準決勝は「最強打線」の呼び声も高かった敦賀気比に初回、いきなり5点を奪われながらも、そこから驚異の粘りを見せて最後は15－9で振り切った。西谷は、その経験がすべて力になったという。

「本当にいろんなチームと、いろんなゲームができたことで、対応力が備わってきた」

決勝を前に、西谷はこう素直な気持ちを吐露した。

「今年のチームは圧倒する力はない。だから、粘って、粘って、どこまで粘れるか。藤浪の代は『さあ、獲るぞ』と思いましたけど、今年は『（四つに）組むぞ』という感じです」

西谷の予感通り、がっぷり四つに組む展開となった三重との決勝は、2つのプレーに大阪桐蔭の思いが集約されていた。

2－3と1点ビハインドで迎えた7回裏。2アウト満塁で、今年の大阪桐蔭の魂の象徴とでもいうべき1番・中村が打席に立つ。中村は大阪大会3回戦で顔面に死球を受け鼻骨を骨折。大会中の復帰は絶望的と見られたが、4日後の5回戦に早くも復帰し、3安打3打点の活躍を見せたという選手だ。

「前のバッターの福島（孝輔）が空振り三振に倒れて、『頼むぞ！』って胸を叩かれたときにスイッチが入りましたね」

中村はインハイのボール球を、体が千切れんばかりにフルスイング。バットの根っこで、センター前へ運ぶ。ダイビングキャッチを試みた三重のセンター長野勇斗は、グラブにボールを当てながらも、収め切ることはできなかった。この当たりで2人の走者が生還し、大阪桐蔭は4－3と逆転に成功する。

9回表、1点を追う三重も見せ場をつくった。2死一、二塁。打席には、この日2安打の3番・宇都宮東真。その初球、宇都宮はぼてぼてのショートゴロを打つ。それに対し、ショートの福田光輝が突っ込んできた。大阪桐蔭の一塁手・正随が回想する。

「福田が捕ったとき、体勢が崩れていたので、低く投げろというジェスチャーをした。だから低めにくる準備はしていました」

福田の送球はショートバウンドというよりは完全なワンバウンドになった。正随は胸から倒れ込み、上から押さえ込むようにボールをファーストミットの中に収めた。一塁ベースの角を踏んでいた右足が伸び切る。接しているのは、つま先だけだった。それでも、離れそうで、離れなかった。

少し間を置き、一塁塁審の右拳が上がる。それを見届けた正随は勢いよく起き上がりマウンドへ駆け出した。

「勝ちたいという気持ちは向こうにも見えた。でも自分たちの方が優《まさ》っていたと思う」

大阪桐蔭はこの7年間で春夏連覇を含む4度の全国制覇を達成した。2年に1度以上の割合で、約4000校の頂点に立っている計算になる。「甲子園」というスポーツイベントは日本一競争が激しいといっても過言ではない。しかもトーナメント方式という一発勝負だ。「すっごい選手」がいるだけで、これだけの安定した成績を残せるものではない。

優勝直後、球場内で行われた優勝監督インタビューで西谷は言った。

「生意気な言い方になるかもしれませんが、どこよりも練習はやってきたと思うので」

今後、ますます「すっごい選手ばかりおる」と批判的な目で見られるに違いない。それに対する、せめてもの抵抗に聞こえた。

昨秋、すでに夏に向けて気持ちを切り替えていた西谷はこう話していた。

「よその倍も練習はできないけど、俺らはおまえらとやってることが違うんや、と。そういう意識の積み重ねが、最後の最後に出るんやといつも言い聞かせてます」

それが出たのが、中村のどん詰まりのタイムリーであり、正随の泥臭く不格好なファインプレーだった。

閉会式が終わって、優勝旗を携え宿舎に戻ってきた西谷に「これから誉めるつもりですか」と問うと、こう笑った。

「でも『こっからが大事やぞ』とか言っちゃうんでしょうね」

この夏は、勝つべきチームが勝った。

フルスイング——型にはめない育成法

週刊文春
2015年7月30日

大阪桐蔭出身のスラッガーたちが今、日本プロ野球界を席巻している。西武の中村剛也と日本ハムの中田翔がパ・リーグの本塁打王争いを演じ、7月17日に開催されたオールスター第1戦では、パの3番から6番まで、大阪桐蔭出身者が並んだ。森友哉（西武）、中村、中田、浅村栄斗（西武）。同一高校出身の複数の長距離打者が、同時期にこれだけ活躍するというのはおそらく過去に例がないのではないか。

ここ8年間で4度、日本一に輝いた大阪桐蔭が次々とスラッガーを輩出する理由。それは2つに絞られる。スカウティング術と、育成方針だ。

今、西日本のトップレベルの中学生たちが大阪桐蔭に集結しているのは紛れもない事実だ。それだけに「素材だけでやっている」と揶揄されることがある。しかし部長の有友茂史は、涼しげな顔をして言う。

「指導者の影が見えないということは、最高の褒め言葉だと思うんですけどね。僕は下手に技術を教えるぐらいなら、黙って練習の手伝いをします。実際、森には何も教えてません」

コーチの石田寿也も中傷とはとらえていない。

「指導者を料理人に例えるなら、うちはそこまで凝った料理はつくらない。一流の選手は負けず嫌いなので勝手に磨き合うもの。素材が良くなれば、塩とこしょうだけで十分だし、生で食べてもおいしい」

浅村はかつて大阪桐蔭の強さの秘密をこう語っていたことがある。

「どんなにうまい選手でも入学したときは、レベルの高さに圧倒される。だからレギュラーになるだけでも必死。その中で、自然とうまくなっていく」

大阪桐蔭の指導方針は、農業で言えば「自然農法」だ。人が手間ひまかけるのではなく、雑草など周りの自然環境と競わせながら育つのをじっくり待つ。時間もかかるし、出来の善し悪しも予測不能だが、そのぶん個性が強く、たくましい作物が育つ。

監督の西谷浩一も、細かな技術指導はしない。

「打ち方は基本的に自由。少なくとも1年秋までは何も言わない。今持ってるもんでやってみろ、と」

西谷は性格面も型にはめることを嫌う。

「中田や森は、根はとってもいいやつなんですが、昭和のガキ大将タイプ。2人とも、がちがちの規律を求められる野球部だったら干されてたかも(笑)。でも牙を抜いたら、魅力的でなくなっちゃいますからね」

フルスイング――。これが大阪桐蔭の合い言葉だ。中村も、中田も、浅村も、森も、大阪桐蔭の選手たちはとにかく強く振る。高校時代の「フルスイング至上主義」が体に染みついているのだ。西谷が話す。

「ピッチャーに『どんなバッターが嫌や？』って聞くと、だいたい2つのことを言う。一つはボール球を振らないバッター。もう一つは振り切るバッターだ、と。だから、形はどうでもいいから、まずは振れって言うんです。あと、ありとあらゆるスポーツの中で攻撃側がボールを持っていないのは野球ぐらいなものです。野球って実は投手が攻撃しているんですよ。本来、受け身であるはずの打者が攻撃するには、投手以上の攻撃性を備えなければならない。だから初球からフルスイングできないようでは話にならないんです」

大阪桐蔭には通常のバットよりも60〜70グラム重い約970グラムの木製バットが何本もある。グリップが太くヘッドを利かせにくいだけでなく、材質も悪いため、なかなか飛ばない。有友が説明する。

「このバットを思い切り振って、いい音を鳴らして打てるようになること。それがうちの最低条件です」

かといって、大阪桐蔭は完全な自然農法でもない。大阪桐蔭の打撃練習のメインは、1ボール2ストライクと追い込まれた状況を想定しての実戦打撃だ。西谷がその意図を説明する。

「ほとんど打てないですから、そうすると、こちらが言わずともボールを最後まで引きつけて反対側に打つようになる。その代わり試合になったら、めっちゃ楽です。追い込まれるまでは思い切り振れるし、浅いカウントで打った方が楽だということもわかっているのでより攻撃的になる」

西谷は何かを教えるとき、無理にやらせるのではなく、そうなるよう仕向ける。石田が西谷のきめ細かさを指摘する。

「打撃投手の順番とか、タイプも全部監督が決める。すべて意味があるんです。選手は気づいていないかもしれませんが、そうして最高の状態で試合に臨めるよう計算しているんです」

大阪桐蔭の野球は、良くも悪くも豪快だ。試合で西谷の采配が脚光を浴びることもほとんどない。

有友は「育成型か采配型かという言い方をすれば、西谷は100パーセント、育成型ですね」と言う。

細かなプレーの練習もするが、試合で使うことは滅多にない。石田が話す。

「あぁせい、こうせい言って監督の野球観に選手をはめてしまうと、選手が萎縮してしまう。そこへ行くと、大阪桐蔭の野球はシンプル。純粋にピッチャーと対戦している。だからスケールの大きな選手に育つんだと思います」

また、今の大阪桐蔭は常に最高の教材を目の当たりにすることができる。学校の近所に実家があった中村は西武入団後、年末年始になると決まって2週間ぐらい大阪桐蔭で練習した。西谷は「あのへんから好循環になってきた」と話す。

「中田がいた3年間は、中村がずっとうちで練習していたので、すごい刺激になったと思う。その2人が今、ホームラン争いをしてるって、すごいですよね。今では多いときだと3〜4人のプロ野球選手が同時に練習している。うちの選手たちは、上には上がいることを嫌でも見せつけられる」

大阪桐蔭の出身者がプロの世界でのし上がる理由を考える上で、もう一つ忘れてはならないことがある。有友が言う。

「実は、打撃のチームをつくろうと思ったことは一度もないんです。ただ、大阪で勝ち抜くには打てないとダメ。それを嫌というほど味わっているので、自然とこういうチームカラーになったんです」

甲子園における優勝回数は大阪勢が第1位。出身地別にプロ野球選手を分けると、大阪は断トツだ。そういう意味で、大阪は全国でもっとも競争が激しい地域だと言える。大阪桐蔭だけでなく、大阪という土壌も、自然農法には最適の環境なのだ。

西谷がコーチとして大阪桐蔭にやってきたのは1993年のことだ。当時、近畿圏は通算7回の全国優勝を誇るPL学園の天下だった。大阪桐蔭は91年夏に創部4年目にして甲子園初出場・初優勝という快挙を成し遂げたが、その程度では名門PLの牙城は揺るがなかった。西谷が振り返る。

「Aランクの選手はみんなPL。うちはBランクの選手ばっかりだった」

西谷が監督に就任したのは98年だ。翌99年、中村が入学してきたが、中学時代の中村はさほど有名ではなかった。中学生の流れが変わり始めたのは、2000年に奈良・郡山シニアの西岡剛《つよし》（阪神）が大阪桐蔭に入学した頃からだ。西岡も最初はPL志望だった。西谷が思い出す。

「私は西岡が欲しかったので、めっちゃ通いました。でもPL志望は変わらず、西岡も私に対し『なんだおまえ』ぐらいの雰囲気でした（笑）。ただ、郡山シニアにはもう一人いい内野手がいて、PLはそっちを選んだ。それで『一緒にPLを倒そう』と言って、西岡をくどいたんです」

西岡は1年秋からショートとしてレギュラーに定着。また西岡が2年生のとき、PLが部内で暴力事件を起こし、半年間の対外試合禁止処分を言い渡された。そうした事情も重なり、西岡の在学中はPLに一度も負けなかった。このあたりからPLとの力が拮抗し始め、西岡が3年生のとき、大阪桐蔭は91年以来、11年ぶり2度目となる夏の甲子園に出場。以降もコンスタントに甲子園に出るようになり、PL・大阪桐蔭の2強時代を迎える。

しかし、近年は完全に大阪桐蔭が一歩抜け出した。そうして確固たる地位を築いた今でも、西谷はリクルート活動における努力は惜しまない。社会科の教師でもある西谷がスカウト活動に当てられるのは、基本的に土曜日のみ。その土曜日も午後から練習があるため、ノックが始まる午後2時までにはグラウンドに戻ってこなければならない。

「土曜日は朝6時前後に家を出れば、近場なら3〜4チームは見て回れる。最初の選手は1打席目だけ見て、次のところへ行ったりする。そうして何度も顔を出すことが大事なんです」

桑田真澄（元巨人）ら9人のプロ野球選手を輩出している大阪の名門中学野球チーム、八尾フレンドの総監督・大浦泰弘が言う。

「西谷さんは、とにかく熱心。通常、強豪校はスカウト専任のスタッフがいるものです。でも西谷さんは、監督自ら足を運びますから。あのフットワークの軽さが、西谷さんの最大の武器ですよ」

中田を獲得したときは、40〜50回は通ったという。中田は広島のチームに所属していたため、金曜日の終電で広島へ移動。ビジネスホテルに1泊し、翌日は早朝から中田を見て、午前11時広島発の新幹線で大阪へ戻った。

「中田はいつも7時ぐらいに来るんです。だから、6時45分にはグラウンドへ行ってましたね」

大阪桐蔭の野球部の選手は、スポーツおよび芸術コースのⅢ類に所属する。野球部に割り当てられた枠は約20人で、そのうち金銭的な援助を受けられる特待生は5人に満たないという。西谷が言う。

「信じてもらえないんですけど、プロに行った選手のうち約半分は金銭的な優遇制度は受けていません」

ただし、どんな有利な条件を示し、労力を注ぎ込んでも、振られることもある。西谷がため息をつく。

「ここ最近は、けっこうドラフト1位の選手には断られているんです」

〝ドラフト1位〟とは、西谷の中で獲得の第1希望だった中学生のことである。一昨年のドラフト1位は、東海大相模に進んだプロ注目の投手・吉田凌（オリックス）だった。吉田が所属する兵庫のチームのグラウンドに、中田と同じように40〜50回通ったが最終的に断られた。

「もう、がっかりっすよ。でも、それはよくあること。私は本気で好きになった選手は違う高校に行っても気になる。どんな選手になってるのかな、と。この前、東海大相模との練習試合のとき、吉田に『ユニフォームちゃうやんけ』って冗談を言いました。まだ言うかって感じですよね」

矯正ではなく、より自然な形で育てられるのは、こうして最高の素材を集めているからだ。日本最高の「スラッガー養成工場」の工場長は、名指導者であり、名スカウトマンでもある。

大阪桐蔭vs.履正社 大阪対決を分けたもの

Number 2017年4月27日

選抜高校野球大会の決勝の試合開始予定時刻は、12時30分。25分過ぎ、審判団はまだ両チームに整列を促す素振りさえ見せない。にもかかわらず、三塁側の大阪桐蔭のベンチ入りメンバー18人は、すでにベンチ前に並んでいた。

そのとき、後攻の履正社は、まだベンチ前で軽いキャッチボールをしていた。しかし大阪桐蔭が並んでいることに気づき、急にそわそわし始める。しきりに審判団の方を見つつ、並んだ方がいいのかと様子をうかがっていた。

出鼻を挫かれた、そんな風にも映った。

試合に対する身の入れ方、熱の込め方の差は、試合前の取材でも感じられた。

準決勝直後は、履正社の岡田龍生監督、大阪桐蔭の西谷浩一監督ともに、あくまで平静を装っていた。だが、大阪桐蔭と履正社といえば、大阪の2強、同地域の宿敵である。獲得選手を巡って、かち合ったことも一度や二度ではない。ともに、もっとも負けたくない相手のはずだった。

試合前、スマートな言葉を並べる岡田に対し、西谷は隠し切れなかったのだろう、ライバル心をむき出しにした。

「優勝と準優勝では、天と地ほどの差があると思っています。どれだけ勝ちにこだわれるか。（今年は）これで最後じゃない。夏もある。去年の秋は負けていますし、ここで叩いておきたい」

叩く——。冷静な西谷から、思わず強い言葉が出た。その後は、勝利への執念があふれ出した。選手にどんな言葉をかけたかと問われ、こう答えた。

「特には言っていない。わかっているような顔をしていますし」

——わかっている、とは。

「ここまできたから楽しんでやるとかじゃない。命をかけてやるんだと。毎日、日本一と言ってきたし、常に日本一という物差しではかってどうすべきかを考えてきた。そうすることで、日本一になるための風土ができるんだと思う」

初回の入り。そこがひとつのポイントになると思っていた。ところが結果的には、その初回がすべてだったと言ってもいいかもしれない。

1回表、大阪桐蔭の1番・藤原恭大は、2球ファウルにした後、5球目、内に入って来た変化球を完璧にとらえ、右翼席へ先制ホームラン。ちなみに藤原は6回表にも、今度は直球をとらえ、この日2本目となるホームランを放っている。

「初球からどんどんいけと言われていた。打てるボールは全部、振りに行きました。結果、ああなった」

大阪桐蔭の初回の攻撃は、藤原のソロ本塁打による1点にとどまったが、ストライク圏に投じられた9球の内、「見送りストライク」は、わずか3球しかなかった。

大阪桐蔭の代名詞は「フルスイング」である。西谷は言う。

「どんなスポーツでもボールを持っている方が圧倒的に有利。ただ、守備側がボールを持っているスポーツは、野球とソフトボールくらい。不利であるバッターが、ファーストストライクからフルスイングできないようでは話にならない」

それに対し履正社は1回裏、先頭打者が1球も振らずに追い込まれ、最後は空振り三振。続く2番は1球も手を出さずに見逃し三振。注目のスラッガー、3番・安田尚憲（千葉ロッテ）も一度もバットを振らないまま三振に倒れた。際どいボールがあったことも確かだが、9球がストライクと判定されてもおかしくないゾーンに来て、その内、履正社打線は1球しかバットを振らなかった。

この時点で、すでに気後れしているように感じられた。外野手でキャプテンの若林将平は試合後、「先頭打者ホームランで、相手のペースになった」と悔やんだ。

8回裏に履正社は3－3の同点に追いついたものの、9回表、大阪桐蔭の代打・西島一波《いっぺい》に2ランを許すなど大量5失点し、3－8で敗れた。大阪桐蔭の劇的な代打本塁打は、偶然とは思えなかった。控え選手も含め、それだけ全員が戦闘態勢に入っていたということだ。

履正社は3年生中心のメンバーで、昨秋、近畿大会、神宮大会と続けて制した。選抜出場校の主将が選ぶ優勝予想でも、13票を集め、ぶっちぎりの1位。一方、大阪桐蔭は2年生中心で、まだまだこれからのチームだ。また、履正社は大阪桐蔭に比べると全国的知名度も低い。そういう意味でも、選抜の決勝は学校の名前を売る絶好の機会だった。

履正社は昨春、昨秋と、府大会の決勝、準決勝でそれぞれ大阪桐蔭に連勝していた。だが、いずれも大阪桐蔭にとっては、負けたら甲子園の可能性が消滅するというゲームではない。ここ10年、大阪桐蔭は夏は一度も履正社に負けていないように、勝負どころでは、ことごとく倒してきた。

その理由のひとつが、この試合に表れていたような気がした。

ある陸上競技の指導者が、こんな話をしていたことがある。

「試合になったら、剣術を身につけこう切るんだって人より、何も知らなくてもドスを持って突っ込めるやつの方が強い」

もちろん、大阪桐蔭の選手たちはどこよりも優れた剣術を身につけている。ただ、その上で、勝負になれば、それよりも大事なものがあることをわかっていた。

勝利を喜べない監督

NumberWeb
2018年4月9日

初戦の伊万里（佐賀）戦、14-2で大勝した大阪桐蔭の西谷浩一監督に、こんな質問をぶつけてみた。21世紀枠の高校はどこもゲームを壊してしまうのではないかという恐怖感を持って戦っている、対戦する方としても、点を取り過ぎてしまったらまずいのではないかという遠慮があるのではないか、と。

すると、何を聞くのだという顔をして言った。

「まったく、ないです」

ついでながら、8回、9回と1失点ずつしたことについて、次の試合のことを考えるとむしろ課題が見つかってよかったのではと向けた。すると、また困惑したような表情を浮かべた。

「……いえ、0点の方がよかったと思います」

愚問だった。もし、この2つの問いかけを肯定するような指揮官だったならば、ここまでチームを勝たせられるわけがない。

今年のチームは2年生のときからのレギュラーが多く、「最強世代」と呼ばれた。

「神宮大会で優勝していたのなら、まだいい。でも準決勝で創成館（長崎）に負けてますからね。『最強世代』なんて言ったら、先輩たちに申し訳ない。マスコミがつくった虚像やぞ、踊らされるなよと言いました。

これまで25〜26チームを預かってきましたが、冬の段階で言えば10番目くらいです。そこから3番目以内くらいのチームになれば、全国制覇のチャンスはあるなと思っていました」

少なからずチームを戒める意味でそう言ったのだろうが、本音でもある。

「よそのチームやったら、僕もすごいと思うかもしれません。たとえば、1人の選手が5打数4安打だったら、よそのチームの監督は4安打の方に目が行く。よう打つなと。でも、自分のところの選手だと、打てなかった残りの1打席が気になるもの。それが監督の責任だとも思うんです。

僕がいつも思うのは、全員をレギュラーにすることはできなくても、全員をうまくすることはできる。せっかく大阪桐蔭を選んで来てくれたのだから、そのためにできる限りのことをしてやろうと。だから、本当に謙遜でもなんでもないんですよ」

2012年にエース藤浪晋太郎（阪神）を擁し選抜大会を制したとき、西谷監督は、表彰式が終わり、場内を行進して戻って来た選手にすかさずこう言った。

「ここから、もう夏が始まってるんやで」

この春は、表彰式の直前に「夏につながる閉会式にしような」とだけ声をかけたという。

「行進しているとき、夏、もう一回同じように行進しようとか、いろんなことを感じて欲しいと思ったんです」

西谷監督は「飲もうと思えばいくらでも飲める」が、仕事の付き合い以外で酒を飲むことはまずないそうだ。

「勝っても乾杯もしないくらいですから。特にお祝いもしないですし。部長の有友（茂史）先生には、勝ったときくらい何かしようよと言われてます。（勝ったことを）喜べる人になりたいですね」

でも、おそらくきっと、喜べない人だからこそ、これだけ勝ち続けられるのだ。

道なき道を行く

智辯和歌山

高嶋仁

1980〜現在

ボールは空に返せ

週刊現代
2010年4月3日

時速150キロの豪速球を打ちたい。

たとえば、そう思ったら「現在地点」と、その「目標地点」を定規を使って一直線に結ぶ。そして、その間にどんなに急峻《きゅうしゅん》な山があろうとも、どんなに深い谷があろうとも、その線上を真っ直ぐ突き進む。それが智辯学園和歌山の監督、高嶋仁《たかしまひとし》という男だ。

「甲子園には化けもんみたいなピッチャーがおるでしょう。だったら、うちは150プラス10キロで練習しとこうか、って」

時速164キロ。これが智辯和歌山のピッチングマシンの最速記録だ。表示だけで言えば、藤川球児（阪神）よりも、クルーン（元巨人）よりも断然速い。

智辯和歌山では練習の最後に、毎日、そんな真っ直ぐと140キロ超のスライダーを約2時間打ち込む。だから試合で相手投手を目の当たりにし「遅《お》せえ……」と焦ることはあっても、「速い」と気後れすることはまずない。

ここ20年の高校球界における最強軍団。それが高嶋率いる智辯和歌山だ。甲子園での通算勝利数は断トツの51勝。優勝3回、準優勝3回。高嶋が積み上げた甲子園勝利数は、前任の智辯学園（奈良）時代と合わせ、元ＰＬ学園監督の中村順司に並ぶ歴代最多タイの58勝。この春（２０１０年）、甲子園で１勝すれば新記録を樹立することになる。

智辯和歌山のトレードマークである白に朱色のユニフォームは、甲子園で数々の伝説を作った。とりわけインパクトがあったのは２０００年夏、３度目の全国制覇のときだ。

１００安打、11本塁打、打率・４１３。大会チーム記録をことごとく塗り替えた。打率以外は、今なお破られていない。高嶋が実に幸せそうにこんな話をする。

「うちがホームラン記録を塗り替えるまではＰＬ学園の10本が最高やった。でもあのときはラッキーゾーンがあったからな。どっかの記者が調べてくれたんやけど、あの夏、ラッキーゾーンがあったら24本入っとったって。だから実際はＰＬの倍以上、打っとる」

そんな智辯和歌山に追いつこうと、いくつものチームが智辯和歌山の練習を見学し、その後、「１６０キロ打ち」に挑んだ。だが、ほとんどのチームが途中で挫折してしまうそうだ。

「ちょっとするとだいたい電話がかかってくる。『無理ですわ』って。どれぐらいやったんやって聞くと『2週間』とか言うから『2週間ぐらいで打てるようになると思うんか！』って言ってやるんですけどね。俺は違う。打てん？　だったら打てるまで打て。１年かかろうとも、２年かかろうとも。まあ、１年生でも、１ヵ月もすれば当たるようになりますからね」

１５０キロを打つための最短距離は、１６０キロを打てるようになることだ――。高嶋の場合、一度そう考えた以上、ルート変更は絶対にありえないのだ。

もちろん、その道程は困難を極める。中学時代に名選手として鳴らした新入部員も、最初はバントすらまともにできない。2000年夏、4番を任された池辺啓二（慶應大－新日本石油）が振り返る。

「最初はあれが嫌で嫌で仕方なかった。当たるわけがないじゃないですか。延々、空振りですよ」

大変なのは選手だけではない。それだけの球速を出すには、最高級のピッチングマシンでなければならない。その上、圧縮力を高めるためにボールが飛び出すドラムとドラムの間を少し狭める。そのためドラムがあっという間に摩耗してしまうのだ。高嶋が言う。

「ドラムは通常、5年に1回ぐらい替えればいい。でも、うちは1年で5回も替えたことがある。それだけで軽く100万以上かかった。メーカーの人にも怒られたしね。細工されると事故があったときに困ります、って」

その他、ボールやバットの消耗度も半端ではない。普通の公立高校だったら経済的な理由だけで撤退を余儀なくされる。いや、仮に財力があったとしても、そこまで一心不乱になれるものではない。高嶋が進んできた道。それは、ある意味、道と呼べるようなものですらない。だから、誰も追従《ついじゅう》できないのだ。

五島列島の福江島《ふくえじま》で生まれ育った高嶋は、小さい頃から、骨っ節が強かった。小学6年生のときにすでに身長が172センチもあり、ケンカでは負けた記憶がない。

「中学生のときは、3年間番長やった。負けるようなケンカやったらせんほうがいいですよ。はははははは」

中学を卒業すると同時に島を出て長崎の名門、海星に進学する。そこで1963年、高校2年生の夏に初めて甲子園の土を踏んだ。

「入場行進のとき、ものすごく感動した。こんな素晴らしいところ、あるんや、って。あのとき、絶対、指導者になってまたここにこようって思った」

その後、日体大を経て智辯学園の監督となり、最初に甲子園に帰ってきたのは76年春だった。

「涙出てきましたよ。ぼろぼろ。自分のときより感動した。甲子園は麻薬ですよ。やめられなくなる。甲子園から戻ってきて1週間もすると震えがきますから。また甲子園行きたい、って」

そして80年、創部2年目の智辯和歌山に赴任する。最初は甲子園こそ出るものの5回連続で初戦敗退。だが93年夏、6度目の挑戦で初戦を突破し2勝を挙げると、そこから破竹の勢いで勝ち始める。

「5回連続で負けてたときはベンチの端っこに座ってた。でも勝てないんやったらって、べンチの真ん中で仁王立ちしてみた。そしたら初めて勝ったもんやから、やめられんようになって」

今や高嶋の代名詞ともなっているベンチ前の「仁王立ち」は、こうして恒例化した。

高嶋の指導方針は、これまでの高校球界の教科書にはないものばかりだ。有《あ》り体《てい》に言えば常識外。通常、どのチームも夏の地区大会前は数週間、調整期間を設けるが、智辯和歌山にはそれがない。

「大会直前まで絞りに絞って、大会に入っても落とすことはしない。通常の練習に戻すだけ。試合がある日も帰ってきて練習をする。その代わり、甲子園に行ったら練習は一日2時間ですからね。そうすると和歌山大会で体をいじめてたぶん、体がすっと軽くなる。だからうちは和歌山で苦労しとっても甲子園で強くなる」

また、いわゆる高校野球的な発想では「フライ＝悪」になりがちなのだが、智辯和歌山の場合はゴロを転がすと怒られる。

「空中にきたボールは、空中に打ち返さなあかんやろ。ゴロできたんならゴロでええけど。ゴロ打って間を抜くより、ライナーで内野の頭、外野の頭を越したほうがヒットになる確率は高い。それにゴロじゃ、ホームランは出ん」

ホームランを打てるような打者はいないので……という論法はそもそも高嶋の中にはない。まずは「ホームランを打つ」という目標を設定し、あとはそこへたどり着くために突き進むだけなのだ。

それから、やや話は逸《そ》れるが、練習前と後のグラウンド整備も、夏場の水まきも、ネット等の補修も、すべて高嶋ひとりでこなす。こんな監督も見たことがない。

「選手が『代わります』って言ってきたら、『邪魔や。そんな暇あったらバット振れ』って言いますよ。選手は監督のこと、よく見てますからね。監督がこんだけやっとんやから、勝たなしゃあないなって思ってくれたらそれでええんですよ。ちゃいますか？」

高嶋は38年間の監督生活のなかで、計3回、辞職願を書いたことがあるという。

「それぐらいの覚悟でやっとる。公立とちごうて、金かかってますからね。奈良んときは、理事長によう怒られたわ。『うちの学校をつぶす気か！』って」

いちばん最後に辞表をしたためたのは一昨年秋だ。練習試合中、選手をベンチ内で蹴っ飛ばしてしまい、3ヵ月間の謹慎処分を食らった。その責任を取ろうと思ったのだ。ところが、辞表を懐に忍ばせ理事長のところへ行くと、予期せぬ展開が待っていた。

「いきなり『お遍路さんでもやってきたらどうや』って言われ『いいですね』って言ってしもたんですわ……。だから、つい、辞表に手が届かんかったんです」

咄嗟《とっさ》だろうが何であろうが、やると返事をしてしまった以上はやる。それが高嶋だ。

そうして一念発起し、四国八十八箇所巡りに出発。毎日朝5時から夕方5時まで歩き続け、41日後、ついに延べ1200キロにも及ぶお遍路の旅を完遂した。

「こういう旅をすると人間、謙虚になりますやん。この旅で少しは俺も忍耐強くなったんちゃうかな。最近は腹が立ってきたら『蹴り上げるかもしらんから出るわ』ってベンチ、出るんですよ。それで頭を冷やしてくる（笑）」

この春、高嶋は実に29回目となる甲子園出場を果たす。そんな今でも、高嶋は自分のチームが入場行進をする姿を見るとほろりとしてしまう。

だから開会式のときは、ひと目につかないよう外野席に身を潜ませ、そこから教え子たちの勇姿をひっそりと眺めている。

週刊現代
2012年8月4日

決勝で負けるのも1回戦で負けるのも同じ

やりかねない。智辯和歌山の監督、高嶋仁なら。

「108回を10ラウンド、やろう思っとるんですわ」

高嶋のライフワークは高野山詣でだ。約20キロの道のりを約4時間かけて登る。

「行くときは、だいたい朝4時半から登る。週2回は行きたいんやけど、今はなかなか難しいな」

本来、高野山詣では108往復で区切りとするのが通例だ。しかし高嶋は、それでは飽き足りなかった。

「千日修行って、よく言うやろ。だから、1080回やったろう思うて。まだまだ修行が足りんからな。今、3ラウンドの、18回目が終わったところや」

簡単に言うが、昨年末、3年生部員と一緒に登ったときは部員の方がへばってしまったほどのルートだ。

「俺についてくるのがやっとだった。あいつらは走る筋肉はあっても、歩く筋肉はないからな」

高嶋が「修行」に目覚めたのは２００８年秋のことだ。練習試合で打ち込まれた投手を思わず蹴飛ばしてしまい、３ヵ月間の謹慎処分を食らった。そこで一念発起し、お遍路の旅に出ることにしたのだ。41日間かけ、四国八十八箇所巡りを完遂。その後は、暇を見つけては、高野山に通い続けた。

「しんどいけど、登った後はスカッとするから。ただ、このペースだと、あと7〜8年はかかる。その前に膝がぶっ壊れるかもしれん」

高嶋の両膝は、爆弾を抱えている。半月板損傷だ。42年にも及ぶ指導者生活による「職業病」だ。

「ノックするとき、ぐっと足を踏ん張るじゃないですか。40年以上もやってたら、そらなるやろ。半月板が磨り減って、クッションがない状態になってしもた」

一時は歩くことさえ困難だったたが、今は薬を飲んで痛みを抑えている。そのような状態で「１０８往復×10ラウンド」という壮大な目標を掲げているのだ。

高嶋とは、どういう男か。その答えは、この逸話でほぼ語ることができる。「嘘だろ」と思うことを平然と言ってのける。ただし、この男ならば、と思わせる。

高嶋は、本当に10ラウンドをやり遂げるか、さもなくば歩けなくなるか、そのどちらかに行き着くに違いない。いや、歩けなくとも、這ってでも登り続けるのではないか。それぐらいの傑物《けつぶつ》でなければ、高嶋の足跡は説明できない。

甲子園での通算成績は、63勝29敗。10年春、元ＰＬ学園監督で、同い年の中村順司(現名古屋商科大監督)が保持していた甲子園での通算勝利記録58勝を抜き1位になった。中村は16回の出場で58勝挙げたのに対し、高嶋は28回の出場でようやく58勝にたどり着いている。高嶋は「ウサギと亀でいえば、自分は亀」と控えめに語るが、むしろ時間をかけて到達したところに高嶋の激しさが垣間見える。

甲子園出場回数も、福井商元監督の北野尚文が持つ最多記録36回まで、あと4回と迫っている。

春1回、夏2回の計3回の全国制覇のうち、もっとも鮮烈だったのは、3回目の２０００年夏の優勝だった。

１００安打、11本塁打、１５７塁打、打率・４１３。「猛打」を連想させる記録は大方、塗り替えた。智辯和歌山はこの年の夏、すべての試合で、4点以上失ったが、7点以上取った。

当時の主将、堤野健太郎が思い出す。

「僕らの代は、投手力が弱かったので、4点、5点取られるのは当たり前だった。高嶋先生には口癖のように『5点取られたら6点、6点取られたら7点取ればええ』って言われとった。まるで漫画の世界ですわ」

この後、打率は書き換えられたが、それ以外の記録は今も破られていない。

教師になるために日体大を卒業した高嶋は、70年、そのときすでに強豪として鳴らしていた奈良県の智辯学園のコーチに就任。2年後の72年から監督を務めた。そこでも「千」の上をいく猛練習を課した。

「あの頃は、人間の体は壊れんと思ってたから。ライバルの天理が4時間練習しとるって聞いたら、うちはその倍以上やった。朝9時から練習始めて、6時ぐらいまでノックだけとか。昼飯も食わない。水も飲まない。どちらかが倒れるまでやる。もう、1000本どころじゃないでしょ」

智辯学園を3度の甲子園に導き、80年に兄弟校の智辯和歌山に異動。ただ、そこの野球部は前任校とは対照的だった。

「奈良のときと同じ練習やったら、10分持たなかった。こらあかんわ、と」

それでも「弱いチームを強くしてやろうと意気に感じた」という高嶋は、就任6年目、85年春に初めて甲子園へ連れて行く。そこからはコンスタントに出場回数を増やした。しかし、智辯学園のときは甲子園でも勝利を重ねたが、智辯和歌山ではなかなか勝てず、5回連続初戦で敗退した。

「甲子園のファンに『また負けにきたんか』って言われて、カチンときた。帰ってから、負けたビデオを何度も何度も見た。そうしたら守り切れたら勝てる試合ばっかり。そこから投手を中心にした守りの野球をもう一回、見直したんです」

智辯和歌山というと打撃のイメージが先行しがちだが、高嶋はそれを嫌う。

「うちは、守って、守って、打つ。5分の3以上は、守備練習ですから」

そうして93年夏、6度目の甲子園で2勝を挙げてから運気が向いてきた。それと同時に、練習内容にも拍車がかかった。その中の一つ、もはや高嶋の代名詞ともなっているのが「160キロ」のマシン打撃だ。

「150キロぐらい投げる化けモンが出てきてから、じゃあ、プラス10キロぐらいで練習しとこか、って。普通の監督は2週間ぐらいであきらめる。それか150キロ、140キロと少しずつ落とす。俺は違う。1年かかろうとも、2年かかろうとも、打てるまで打て、と。170ぐらいまで出したことありますからね」

ある選手が、話していたことがある。

「僕らは、遅いと『うわ、遅い……』ってなる。速い方が安心。だから、甲子園の方が戦いやすいんです」

その言葉通り、智辯和歌山は甲子園で、何かが弾けたように勝ちまくった。

94年春に優勝、96年春に準優勝、97年夏に優勝、2000年春に準優勝、同年夏に優勝、02年夏に準優勝。9年間で、6回も決勝戦まで勝ち進み、優勝と準優勝を交互に繰り返した。

高嶋が話す。

「それなりの練習はしとったからね。何かのきっかけで急に勝ち出すってことはあるんよ。口では説明できん。壁を破るとわかる」

全国でもっとも甲子園に近い高校——。

02年を最後に甲子園の決勝からは遠ざかっているが、その看板には今も偽りはない。02年夏以降も、過去9年間で、計13回も甲子園への切符を手にしている。

ただし、そこからイメージするほど、智辯和歌山は練習環境に恵まれているわけではない。まず、グラウンドの土は、黒土の10分の1ほどの値段の真砂土《まさつち》だ。黒土より、白く、硬質だ。

智辯和歌山は、和歌山駅から車で15分ほどの距離の高台にある。土地の性質上、風が強く、土が舞い上がりやすいため、黒土だと近隣の住民から苦情がきてしまうのだ。

また、グラウンドには屋根のついた観客席や監督室の類いが一切ない。したがって夏に智辯和歌山を訪れると、上から、下から、じりじりと肌を痛めつけられることになる。そのせいで高嶋の顔と腕は、何層にも焼かれている。さらに目も翼状片《よくじょうへん》にかかってしまった。長年、紫外線を浴び続けたせいで黒目の部分に白い膜がかかってしまう病気だ。

「沖縄の漁師さんなんかに多いそうですわ。片方の目は手術したんですけど、もう片方はまだなんです」

再三、医師からサングラスを使うよう勧められているにもかかわらず、今もかけない理由をこう語る。

「この顔でサングラスをかけるとね……間違われるんですわ。ハハハハハハ」

わからないでもない。「生まれてこの方、伸ばしたことはない」という短髪。意志の強さを感じさせる口元。そして、何より高嶋が発するただならぬ雰囲気。目をサングラスで覆ったら、確かに、堅気の人には見えなくなるかもしれない。

日差しを遮る場所がないということは、必然、冬に寒さを凌ぐ場所もない。

「監督室なんてあったら、そこばっかり入って出てこんくなる。東北や北海道じゃあるまいし、ノックバット持って、わーわーやってりゃ関係あらへん」

一学年あたりの部員は10名まで。これも智辯和歌山の特徴だ。内訳は、県外生2名、県内生8名だ。

「うちにくる選手は、甲子園行きたい、大学行きたい、この2つの希望を持ってくる。進学希望を叶えるには、一学年10人が限度。県外生は2人までというのは、前理事長と知事の約束やった。いい選手を獲ろう思ったら、やっぱり大阪の選手ばっかりになってしまうから」

少数精鋭と羨望の眼差しを向けられることも多いが、特待生制度がないため、フラれることも少なくない。

「寮もないから、下宿してもらわなきゃならん。授業料や食費を考えると、ひと月15万はかかる。そうなると、トップクラスの選手は来てくれん」

つまり、選ばれし超エリート集団というよりは、そこそこのエリート部員を少数という利点を生かして徹底的に鍛え上げているというのが実情なのだ。

比重は、むしろ「鍛え方」の方にある。そのため練習中は妥協は許されない。

「昔は、頭に来たら、ぶわーっと蹴飛ばしてた。今はその分、罵声を浴びせる。あとは、やってもボールを一発、ポンぐらい（笑）」

高嶋はそうした自分の領域を守るためにも、選手の親がグラウンドへ立ち入ることを認めていない。

「練習試合でも、親が見にきとったら、4番でもそいつは使わない。そいつには、家に帰って『来たら出られん』と言えって言いますよ。練習試合とかで、こっちも怒るやないですか。そういう姿は、本人も親に見せたくないやろし、親も見たくないでしょう」

そうした決断にまったく躊躇《ちゅうちょ》しないのが、いかにも高嶋らしい。

高嶋は、普通の監督が「相手チームには失礼だけど」と前置きするような話でも何のためらいもなく語る。

「うちは和歌山大会の何回戦とかは、眼中にない。頭の中は決勝戦だけ。だから、大会直前まで追い込む。それで負けたら、その程度のチームなんですよ」

本当にその言葉通りになってしまったのが、日本一になった翌年、01年夏だった。県大会の1回戦でノーマークだった公立校に1－5で涙を呑んだ。

「エースを温存したまま負けた。でも、そんなとこからエースに頼ってるようでは決勝まで持たん。その代わり、俺は決勝までいったら絶対負けへんから」

高嶋は、これまで夏の和歌山大会の決勝戦に19回進んでいるが、一度たりとも負けたことがない。

「よその高校の監督は、1回戦で負けるのと決勝で負けるのでは違うと言うけど、俺の中では同じ。（和歌山大会の）決勝で負けるんやったら、1回戦で負けた方がましや」

智辯和歌山は、大会直前までハードな練習をこなすため、調子を上げてくるのは県大会の準決勝ぐらいからだ。そして甲子園に入った頃にようやくピークを迎える。究極の「甲子園用」仕上げだ。だからこそ、時折、信じがたいようなチームが生まれるのだ。

ちなみに今年の戦力は、例年に比べるとやや小粒だ。昨秋の和歌山県大会でも、準決勝で那賀《なが》高校に1－8で大敗している。

それでも高嶋の負けじ魂は少しも衰えていない。

「負けて、すぐ練習試合申し込んだからな。相手の監督に『来年の3月、空けとけ』って。同じチームに2度、負けるのは許されん。試合のときは選手に『負けたら、ポール間ダッシュ1000本や』って。10時間あれば終わりますから。そうしたら選手も必死でしたよ。結局、5－0で勝ちました」

ここでも、やはり「千」だ。選手たちも「この監督なら、やらせかねない」と畏怖したことだろう。

この夏（2012年）、高嶋は、一つの記録に挑むことになる。

智辯和歌山は、夏は目下、県内7連覇中だ。8連覇が達成されれば、戦後では地方大会の最長記録となる。

県内で高嶋を止めることは容易ではない。

野球の知識と、それなりの戦力。それだけでは足りないからだ。もし高嶋を倒そうと思ったら、高野山詣でを11ラウンドこなしてやろうという胆力の持ち主でなければなるまい。

が、果たして、そんな人物がいるだろうか。

田中将大に勝ちたかった

Number 2017年8月24日

早稲田実業と駒大苫小牧の決勝再試合に沸いた2006年夏。「世代最強」と呼ばれた駒大苫小牧のエース田中将大《まさひろ》（ヤンキース）のベストピッチは、早実の斎藤佑樹《ゆうき》（日本ハム）と投げ合った決勝ではなく、準決勝の智辯和歌山戦だった。田中が、その夏、唯一、輝いた試合だったと言ってもいい。

2回途中からマウンドに上がった田中は、8回を投げ、10奪三振。7－4でチームを勝利に導いた。捕手の小林秀《すぐる》の証言だ。

「スライダーが、縦に落ちていた。この日は、いいときの田中に戻ったかなと思いましたね。でも決勝では、スライダーがスッて感じじゃなくて、スーッて曲がってきた。これは見やすいだろうなと」

この夏、田中はフォームを崩していただけでなく、甲子園にきてからは胃腸炎にかかり、本調子とは程遠い出来だった。田中が決勝について、あまり語りたがらないのは、こんな理由からだ。

「斎藤はいちばんいいとき。僕はいちばん悪いときでしたから」

体力的には、準決勝あたりがギリギリだったのだろう。そして、もう一つ。智辯和歌山の監督・高嶋仁は苦々しげに思い出す。

「うちには橋本（良平＝元阪神）いう、スーパースターがおったから。田中も関西出身やから、知っとったやろ。そんなのおったら、彼は余計に燃えるんですよ」

田中は気合が入れば入るほど、上目遣いになる。その角度が、もっともきつく見えたのが智辯和歌山戦だった。

ボーイズリーグに所属する八尾《やお》フレンド出身の橋本は、小・中で全国制覇を経験し、少年野球の日本選抜チームでは４番を務めた。宝塚ボーイズ出身の田中は、高校以前は、橋本に大きく水をあけられていた。橋本は中学生当時、約40校の高校から誘いの声がかかっていたという。

「最後、悩んだのがＰＬ学園か智辯和歌山やった。ただ、甲子園に出るには智辯和歌山の方が可能性は高いと思った」

橋本は入学するや否や４番に座った。そのときのエピソードが強烈だ。

「鮮明に覚えてるんですけど、入学して初めての練習試合、打順が６番だったんです。そうしたら、不満な顔はしてなかったと思うんですけど、高嶋先生が『なんや、嫌か。４番打つか』って言うから、はい、って。今思えば、ようそんなこと言えたな」

のちにクリーンアップを組むことになった廣井亮介は、入学当時の橋本の衝撃をこう語る。

「素振りを見て、これ、プラスチックのバット振ってるんじゃないかと思った。うわ、すご、これ同級生？　って」

粒ぞろいだった橋本の代は、1年生から試合に出ていたメンバーが6〜7人もいた。高嶋の中では、3年計画の代だった。

橋本が1年生のとき、04年夏は、和歌山大会で敗退。2年夏は、甲子園の初戦で青森山田に敗れた。その夏の決勝は、高嶋に「来年はおまえらが、この舞台に立つんや」と言われ、チーム全員で一塁側スタンドから観戦した。駒大苫小牧と京都外大西のカードだった。

2年生エースの田中は9回、3者連続三振に切っただけでなく、最後の打者の最後のボールで、自身最速となる150キロをマーク。駒大苫小牧は前年に続いて夏の頂点に立った。

橋本は「こいつが2年なんや……」と思ったという。「あの試合を観て、みんな田中のことを意識したと思いますよ」

その年の秋、智辯和歌山は近畿大会の決勝で、履正社に敗れた。一方、駒大苫小牧は北海道大会を制し、明治神宮野球大会に駒を進めた。

高嶋は毎年、その年の全国のレベルをはかるために、神宮大会を観戦する。そこで優勝した駒大苫小牧の田中の、とんでもない快投を目にする。

田中は4試合に登板し、計28回と3分の2で、47個もの三振を奪った。驚異の奪三振率である。150キロ近い直球と、140キロ近いスライダーのコンビネーションは、高校生レベルをはるかに超えていた。

高嶋は和歌山に戻るなり、マシンで打撃練習する際は、ストレートは160キロに、スライダーは140キロに設定するように指示する。主将で、現在、部長を務める古宮克人はそのときのことをこう回想する。

「スッと入ってきましたね。わかりましたと。それぐらいしないと田中は打てないだろうと思っていたので」

160キロのストレートはこれまでも練習したことはあったが、さすがに140キロのスライダーは未体験だった。橋本は呆れ気味に言う。

「バカみたいなボールでしたよ。こんなボール、ないやろと」

それでも1週間もかからないうちに、軌道に慣れ、打てるようになった。しかし、廣井は、人が投げるボールはそんなに簡単なものではないと予期してもいた。

「正直、こんなスライダーを放るなら、無理だなと思いましたよ。だって、それ以外に真っすぐもあるわけですから。しかも、マシンの150キロと人の150キロは違う。でも高嶋先生の発想は、160キロのボールが打てれば、それより遅いボールは打てるという発想なので。試合になると、必ず『速いか?』って聞かれる。実際、速く感じても『そうでもないです』と言うしかない。そうすると『じゃあ、打てるわ』と。でも、とりあえず、先生に言われた練習をやるしかないですからね」

古宮によれば、当時、高嶋の指導は、今以上に厳しかったという。

「現役中は、『死ね、じじい』って、何回も思いましたよ。グラウンドは、まさに生きるか死ぬかでしたから。毎日、誰か死んでましたね。今はだいぶ丸くなりました」

駒大苫小牧とともに選抜大会出場をほぼ確定させていた智辯和歌山は、甲子園での打倒田中を目指し、冬場も超高速のマシン打撃を続けた。ところが、大会直前、駒大苫小牧が不祥事を起こし、出場を辞退してしまう。高嶋は慌てて、マシンのスピードを落としたという。

だが、その選抜大会では2回戦で、岐阜城北に7－10で敗退。選抜大会後、すかさず田中対策を再開した。

春の近畿大会は、ぶっちぎりで優勝を飾った。古宮は誇らしげに語る。

「僕らが最上級生になってから、ほとんど負けてないんです。秋の近畿大会の決勝と、選抜大会と、あとは練習試合で1試合くらい。駒大苫小牧以外は、普通にやったら、勝てるという自信があった。だから、駒大苫小牧しか見ていなかったし、田中を打ったら優勝やと思っていた。田中は唯一の壁だと思ってましたね」

そうして迎えた06年夏――。

最初にあやうい試合をしたのは駒大苫小牧だった。3回戦の青森山田戦で、4回表が終わった時点で、最大6点のビハインド。テレビで観戦していた高嶋は、内心、「よし、よし」

とほくそ笑んでいた。

「青森山田を応援しとった。駒大が負けたら、こら、うち（が優勝）かな、と」

ところが、駒大苫小牧は、そこから奇跡的な大逆転劇で勝利を飾る。

智辯和歌山も準々決勝で九死に一生を得た。帝京（東東京）相手に、9回表を終えたところで、8－12とリードを奪われていた。最後の攻撃に入る前、高嶋はベンチ前で選手たちをこう鼓舞した。

「おまえら、何しにきたんや！　帝京に負けたら、田中とでけへんやないかい！　逆転してこい！」

1年間、愚直に140キロのスライダーと向かい合い続けてきた選手たちは、その言葉に発奮し、本当に13－12と逆転してしまった。駒大苫小牧の元監督・香田誉士史《こうだよしふみ》は、当時の空気感をこう振り返る。

「大会序盤で、決勝は智辯和歌山と早実だと思ってた。両チームとも、勢いが違った。そしたら、うちが準決勝で智辯和歌山と当たることになっちゃったんだけど……」

香田は「ぼこぼこにされんじゃないか」と不安で仕方なかったが、田中は自信満々だったという。

「大丈夫です、って言うから。おまえ、すげえな、と。あいつにとって智辯和歌山というのは早実以上にビッグネームだったと思う。そのぶん、気合が入っていた」

ただ、駒大苫小牧の先発は疲労の色が濃い田中に代わって、菊地翔太だった。ところが、立ち上がりで失点し、すかさず岡田雅寛にスイッチ。1回裏に4－1と逆転したが、その岡田も2失点し、2回表、4－3、ノーアウト一、二塁の場面で、ついに田中が登場する。

打席には、この大会、ここまで4本塁打と当たっていた3番・廣井を迎える。その立ち上がり、高嶋は投球とは違うところで、田中のすごさを見せつけられた。

「マウンドに上がるとき、ファーストと二言三言、言葉を交わしとった。そうしたら、いきなり、一塁ランナーが、牽制《けんせい》でタッチアウト。そんなにリードしてなかったんですけどね。さすが大リーグに行く選手ですよ。そういうところも、うまい」

田中は廣井をスライダー攻めで、まずは一塁ファウルフライに打ち取る。廣井の弁だ。

「真っすぐはそこそこ自信あったんですけど、もともとスライダーのいいピッチャーは打てないんですよ。外にキュッと曲げられたら、ぜんぜん打てない。それまでは、たまたま打ててただけ。この試合は、もう魔法が解けてましたね」

堂々たる体軀と、強面《こわもて》な風貌に似合わず、廣井は、どこまでいっても「僕、いつもは打てないんですよ」と控えめだった。喫茶店で話を聞いたのだが、話をしているうちに、まるでザリガニが水槽の隅に逃げ込むように、ソファーの隅へ隅へと大きな体を寄せていった。

続く4番・橋本はスライダーを打ち損じ、二塁フライに倒れる。

「廣井に、『どうや?』って聞いたら『そこまでやない』って言われたのを覚えてる。確かに、マシンの軌道の方がすごかった。でも、プロのスライダーもそうですけど、曲がりの大きさより、フォームが大事なんです。真っすぐと同じような腕の振りで投げられると、目の錯覚で、めちゃくちゃ曲がっているように感じてしまう」

その橋本は4回、外のスライダーをしぶとくライト前に落とし、田中から唯一となる得点を叩き出した。

だが、その後は、智辯和歌山は、チャンスらしいチャンスさえつかめない。この夏の田中は、ストレートは140キロちょっと、スライダーも130キロちょっとだった。それでも勝負どころのボールは違ったという。6回表、やはりスライダーで空振り三振に倒れた古宮が言う。

「ひざ元のスライダーだったんですけど、これぐらいだったら三振しないなと思った。でも、最後の最後までボール見て、キャッチャーミットに入る手前でカットしようと思ったら、当たらなかった。最後の最後で、もう一つ、曲がりましたね」

中盤以降、田中は内よりの直球も多投し始める。古宮は、こうシャッポを脱ぐ。

「押されるわ、なくなるわ、でした」

高嶋も、田中という壁の分厚さと、高さを、改めて実感していた。

「田中に代わったとき、選手に『いけるか?』って聞いたら、『消えます』って。その時点で、こら負けた思った。ピンチになればなるほど、精度がよくなるし、スピードも速くなる、と」

7－4と駒大苫小牧リードのまま8回に入ると、小雨がぱらついてきた。古宮はすでに負けを覚悟していた。

「打倒田中で1年間やってきて、智辯のプレッシャーとも戦ってきて、雨が、お疲れさん、もうがんばらなくてもいいよって言ってるようでしたね」

最終回、智辯和歌山は、3番からの好打順だったが、完全にタイミングを狂わされていた廣井はあっさり三振。

「田中は腕をめちゃくちゃ振ってくるんで、それが怖かった。今は大人しいフォームになりましたけど、高校時代は、威圧感がありましたからね。真っすぐか、スライダーかわからず、腰が引けてしまった。最後のスライダーは真ん中低めにきて、これは打てるなと思った。いい感じでバットも出たんですけど、そうしたら、すとんて消えて。やっぱりすごいな、と」

続く橋本も、この日、初めてとなる三振を喫した。決め球は、スライダーだった。

「ついバットが出て、ハーフスイングになった。空振りの取り方を知ってるんですよ。僕、甲子園のあと全日本で田中と一緒の部屋になったんですけど、いちばんよかったのは智辯戦だって本人も言ってましたね」

5番打者も倒れ、智辯和歌山は最終回、3人で攻撃を終えた。

試合後、田中は「マシン（打撃）の弱点はわかっていた」と確信に満ちた表情で振り返った。それを受け、廣井が説明する。

「マシンだと、ボン、ボン、ボン、って曲がってくるんで、こっちもボン、ボンって打つ。ぐーっと待てない。ボールの軌道はマシンと似たようなところもあったと思うんですけど、人が投げるのとはぜんぜん違う。やっぱり、マシンはマシンやと思います」

高嶋は実はその年の1月、田中攻略法を探りに北海道を訪れている。すると、札幌のあるチームの監督に「待つ」と言われた。高嶋は最初、スライダーを引き付けて打つという意味だと解釈した。しかし、違った。

「田中が卒業するのを待つっちゅうねん。何してもあかん、と。バントやら何やら、いろいろ試して、そういう結論にいたったんやと思う。でも、今思うと、それも作戦やな。無駄なことはせんという」

だが、高嶋の中には、そもそもそのような発想はなかった。

田中同様、「消える」と言われるスライダーで、12年夏、甲子園を席巻した投手に桐光学園の松井裕樹（楽天）がいる。横浜は翌年夏、神奈川大会で、松井のスライダーを捨て、真っすぐだけを待つことで攻略した。高嶋は自省を込めて言う。

「横浜は、賢い。でも俺はちゃう。いちばんいいボールを打ちたい。そら、マシンと人は違いますよ。でも、せんより、いいでしょう。ただ、やることやったけど、どうしようもなかった。北海道の人が待つって言ったのは、その答えやったと思う」

古宮はそんな恩師を、こう評する。

「純粋なんです。目の前の壁に素直にぶつかっていく。ただ、隙だらけですけど」

この年、田中の「世代最強」たるゆえんをもっとも味わったのが智辯和歌山だった。

廣井は、今の田中について、ほんの少しだけさみしそうにこう語った。

「ヤンキースに入ってからは、スプリットばっかりですよね。あのスライダー、どこにいったんですかね」

伝説の名将たち

池田 蔦文也
箕島 尾藤公
PL学園 中村順司

育てるチカラ　教え子たちの証言

Number　2011年7月21日

チームカラーと、指導者の人格。

この2つが相似形を成すのは、高校野球ならではの特徴だと言える。大学や社会人ともなれば、コップの3分の1から半分ぐらいまではすでに何かが入っている。それに比べて高校生は、まだ空っぽのコップのようなものだ。したがって、指導者はそこに自分の野球観をなみなみと注ぐことができる。

1980年代、一世を風靡《ふうび》した徳島県の池田高校はその典型だった。誤解を恐れずに言えば、池田のハチャメチャさは、監督の蔦文也《つたふみや》が内包していたハチャメチャさだった。

井上力は、蔦が受け持った授業中の風景を思い出す。井上は現在、穴吹高校の監督を務めている。

「50分授業のうち25分は野球の話でしたよ。『おまえは何型だ?』とか。A型ですって答えると、『高校野球で使える選手はO型かB型なんじゃ。おまえも今からO型にならんか』とかね。そんな廊下の立ち話みたいなことを平気でやるんです」

A型の人間をO型に変える——。

ある意味、蔦が目指したことは、それに近かったかもしれない。蔦の常人《じょうじん》ならざるところは、守備を徹底するならまだしも、水物だといわれる打撃に固執した点だ。

蔦は、守備などグラブさえ携えていれば、なんとでもなると考えていた節がある。

井上は、そのシーンを今でもはっきりと覚えている。

「高校2年の夏が終わって自分たちの代になったときのことです。いきなり『センターへ行け』って言われたんです。肩のいるポジションですからね。ありえないと思いましたよ。でも、先生に『投げられません』なんて言えませんからね。言われたら行くしかなかった」

中学時代に右肩を脱臼した井上は、以来、全力でボールを投げることができなくなっていた。投げられたとしても塁間程度、約27メートル前後の距離が精一杯だった。そのため高校に入ってからは一塁を守っていた。

それにしても、外野の要であるセンターに30メートルも投げられない選手を置くというのは通常では考えられない。その無頓着さからも明らかなように、井上の代も、池田は極端な打撃偏重のチームだった。練習時間も9割方、打撃練習に割いていた。

だが、おもしろいことに、井上の返球ミスで負けた試合は一度もなかったという。

「内野の人たちが塁間より短く詰めてくれて、ここまではがんばって放れと。その代わり、ピッチャーとは約束しましたよ。投げられないぶん、捕ることだけは誰にも負けない、抜けたと思えるような打球でも捕るからなって。だから、結果的にはマイナスよりもプラス面のほうが多かったかもしれない」

その頃の池田は、弱点さえも一瞬にして強みに変えてしまうような、ある種の回復力を備えていた。その証拠に、池田は井上が3年生になった86年には春夏連続で甲子園に出場し、春は3度目となる日本一の栄冠を勝ち取った。

ただし蔦も、最初からそこまで打撃に偏っていたわけではない。ある時期までは、スパルタ式の特訓を課し、教科書通り、送りバントなどの手堅い野球を実践していた。

ところが名家出身の蔦は、元来、甘えん坊で大ざっぱなところがあり、そうした細かいことが何より苦手だった。そのためサインを出しても、しょっちゅう間違えたり、相手に見破られたりしていた。井上が証言する。

「僕らの頃もたまにスクイズのサインを出すことがあったんですけど、それまでデーンとベンチに寄りかかってるのに、急にオドオドしながら体のあちこちをさわり始める。ほんと、そんな感じなんですよ。そら、ばれますよ」

転機は、81年秋だった。四国大会の初戦で高知代表の明徳義塾と対戦した池田は、スクイズを2度も外され、0－1で敗れた。小心者だった蔦は、ここぞという場面になると練習もしていないのに小細工に走り、墓穴を掘ることがよくあった。

明徳に敗れた蔦はその試合を終え、ようやく開き直った。性に合わない細かい野球を捨てて、自分が好きな打ち勝つ野球をとことん追求し始めたのだ。

そうして82年夏、徳島大会を圧倒的な打力で制した池田は、74年春、79年夏に続いて、3度目となる決勝戦の舞台に立つ。決勝戦当日の朝、蔦はミーティングの席で、まるで選挙演説でもするかのように抑揚をつけ、愛嬌たっぷりにこう言った。

「みなさんよろしゅうお願いします。私を日本一の監督にしてください！」

監督生活31年目にしてたどり着いた境地が、これだった。

指揮官が素の自分をさらけ出したことで、選手たちからも変な力みが消えた。池田は決勝戦も広島商に12－2と大勝。蔦は初めて全国の頂点に立った。

もちろん、この「無策の策」とでも呼ぶべき極端なスタイルは諸刃の剣だった。史上初となる3季連続優勝をねらった83年夏は、準決勝でPL学園とぶつかり、1年生エース、桑田真澄のクレバーな投球の前に1点も奪えず0－7で完敗している。

だが、井上がセンターにコンバートされたときと同じく、その無策がまたチームを成長させてもいた。井上が思い起こす。

「この点差じゃ厳しいかなというときは、選手の判断で勝手に送りバントをしたりしてました。それについて先生は何も言いません。それで翌日の新聞には『勝負どころを見極めた蔦采配』と出る（笑）。でも、そうやって選手たちが自分で考えてプレーをするようになった。みんな池田が好きで、先生が好きで入ってきてるわけですからね。先生に恥をかかせるわけにはいかんって。サインミスがあっても、たぶん間違えてるなって、選手同士でアイコンタクトをとって、そのミスをカバーできるよう先の先を読んでプレーをしていた。得な性格ですよね。先生は好き勝手やってるだけなのに、それでもまわりが自然とうまいこと回るんです」

欠点だらけだが高校生にさえ放っておけないと思わせる天性の愛嬌を持つおじいちゃんと、やんちゃ坊主だが人懐っこい田舎の高校生たち。その2つの配合具合が絶妙だったからこそ、あの時代、高校野球史上もっとも個性的で、かつ愛された池田というチームが生まれたのだ。

ミシンで背番号を縫いつける。それがせめてもの「復讐」だった。

79年に箕島《みのしま》（和歌山）が春夏連覇したときのエース石井毅《たけし》（元西武）が、監督の尾藤公《びとうただし》との思い出を語る。石井は現在、関西独立リーグの紀州レンジャーズを指揮している。

「試合中に突然、背番号1をはぎ取られたことがあったんです。それで、その日は背番号のないままマウンドに上がった。あんなん、今考えたらええんかなって思いますけどね。だから、家に帰って母親に、今度は取ろう思うても取れんようミシンで縫ってくれって頼みましたよ。ふふふふふ」

尾藤と言えば「尾藤スマイル」が有名だ。試合中の尾藤は、笑顔を絶やさない。そうして選手の心を解きほぐし、上手に乗せていくわけだ。

だが、そのスマイルを戦術として利用するということは、平時、とてつもなく厳しいということでもある。石井が話す。

「いつも笑っているようでは勝てないんじゃないですか。練習中は腕を組んで、基本的には怖い顔をしていましたよ。尾藤さんは、そもそも2つの顔を持っているんですよ。鬼の尾藤と、スマイルの尾藤。その2つがあるから、あれだけの存在感があったんだと思います。箕島のユニフォームを着た尾藤さんがいるというだけで、試合前から気分的に半分ぐらい勝っていた気がします。それで、普段から人によって2つの顔を使い分けていましたね。怒って力を出す選手には怒って、そうでない選手には優しさを見せることもけっこうあったみたいです」

だからだろう。尾藤のことを、ある教え子はこんなに優しい人はいないと目を輝かせ、ある教え子はこんなにおっかない人はいないと畏怖する。石井は後者だった。

「1年秋にアンダースローに変えて、最初は良かったんですけど、球が走らなくなった時期があった。それで尾藤さんに相談に行ったら『自分で考えろ』と突き放された。以来、二度と聞きにいくかって思いましたね。それからも何度か尾藤さんとケンカをして、そのたびに野球部を辞めてるんですよ。僕は尾藤さんに対してはすごく反発した選手のうちのひとりだと思いますよ」

それでも、そうして仲違いをすると、決まって間を取り持つ人間が現れた。そうして石井も何気なくグラウンドに再び出るようになるのだ。ただ、その際も言葉のやりとりは一切なかった。

「試合なんかの日に戻ったりするじゃないですか。そうすると、僕は出してもらえない。でも後半になって『代打、石井！』とかね。そんな感じでしたね」

だが、尾藤はおそらくそんな石井のことをどこかで頼もしく感じていたに違いない。

ずいぶん前のことだが、ある雑誌のインタビューで尾藤はこう語っている。

「監督の言うことを素直に聞くような子は、監督を超えるような存在にならん。そういう子ばかりだと、チームは強うならんしな」

石井も、今になってようやく尾藤の操縦術の巧みさが理解できるようになった。

「僕らの頃は気の強いやつらが多かった。その良さを殺さないよう、うまくコントロールしていたんでしょうね。というのも指導者になってよくわかるんですけど、ケンカのできないやつにケンカしてこいって言ってもまずできないんですよ。だから、もちろん、締めるところは締めなきゃいけませんけど、そういう向かっていく気質は大事にしてやらないとダメなんですよね」

また、当時は時代が時代だっただけに、尾藤もまだこんなセリフも平気で言えたようだ。

雑誌からの引用を続ける。

「鉄拳制裁もバンバン。とにかく強くなりたい一心でね。教育的配慮云々なんて考えませんでしたわ」

もちろん石井も尾藤に殴られたり、蹴られたりしたことは一度や二度ではない。だが、そのことに対し、石井は恨んだことは一度もないと話す。

「今の時代にも鉄拳制裁は必要やと思いますよ。結局は、それができるということは信頼関係ができているということでもあるわけですからね。ただ、尾藤さんも、高野連の役員をやるようになってからは『鉄拳制裁はダメや』って言うようになった。そうじゃなく、俺たちはこうやって選手を育ててきたんやってところをもっと出してほしかった。尾藤さんぐらい実績のある方が言えば、それも正論になるわけやないですか。そのあたりはちょっとさみしかったですね……」

石井の話しぶりから、当時、石井が尾藤に食ってかかる姿がなんとなく想像できた。70年代に黄金時代を築いた箕島。その裏には、それこそ毎日のように、火の出るような監督と選手のぶつかり合いがあったのだ。

怒られた記憶は、たった一度しかない。

ＰＬ学園ＯＢの立浪和義（元中日）が、恩師の中村順司の記憶をたぐり寄せる。立浪は87年に春夏連覇を達成したときの「3番ショート」で、主将も務めていた。

「もともと口うるさく言う方ではありませんでしたからね。それと僕らのなかで監督に比較的好かれているやつらは『ファミリー』、目の敵《かたき》にされているやつらは『VS《ブイエス》』って呼んでたんですけど、僕はどちらかというとファミリーのほうだったので（笑）」

立浪が中村から厳しい指導を受けたのは、外野との中継プレーを練習しているときだった。レフトからの送球がショートバウンドになった瞬間、立浪が嫌な顔を見せたのだ。

「内野手出身の監督でしたので、内野のことに関してはうるさかった。おそらく内野経験者じゃなければ、僕がちょっとぐらい嫌な顔をしても気づかないと思いますよ」

中村がPL学園時代に甲子園で残した数字は、他の追随を許さない。58勝10敗。この成績をわずか18年間のうちに積み上げた。最多の61勝を挙げている智辯和歌山の高嶋仁は、58勝するまでに37年を要している。ちなみに、蔦と尾藤はそれぞれ37勝と35勝だ。蔦は40年間、尾藤は29年間でたどり着いた。この両者の数字を見ても、中村の記録がいかに突出しているかがわかる。

ただし、蔦、尾藤の2人と中村には決定的な違いがある。2人はほぼゼロの状態からスタートしたのに対し、中村は76年からコーチを務め、その間、78年夏に全国制覇を経験している。つまり、80年秋に中村が監督に就任したときは、PLはすでに全盛期の途上にあったのだ。

だが、それも決して容易な作業ではない。これまでいったい、いくつの強豪校が監督の交代に失敗し瓦解したことか。そういう意味では、中村は引き継ぎのスペシャリストだった。

立浪が話す。

「どうしようもない選手ばっかりが集まっているのなら怒ったりもしなければいけないんでしょうけど、この時代のＰＬはそこそこ有望な選手が集まっていた。だから、普通にやればうまくいったと思うんです。中村監督はそもそも選手の自主性にまかせるという方でしたけど、そういうこともすべてわかっていたんだと思いますよ」

ＰＬ学園といえば、当時は上下関係が厳しいことでも知られていた。１年生と３年生が口をきくことなどまずないという時代である。もちろん立浪もそんななかでもまれた。

「最初は、お山の大将みたいなやつらばっかりなんですけど、寮生活の厳しさを経験しているうちに角がとれていくんですよ」

だが、新入生のなかにはそこで挫折してしまう選手もいる。中村が監督を務めた年代でもっとも気をつかったのは、「ＫＫコンビ」こと桑田真澄と清原和博が下級生だった頃だろう。当時の３年生がこんな話をしていたことがある。

「１年生が入ってくる前に、中村監督にみんな集められて、それとなく清原と桑田の２人には手を出すなよ、みたいな言い方をされたことがある。つまり、つぶすな、ということですよね」

見えないところで打つべき手は打っていたのだ。立浪がそんな中村の立場を慮《おもんぱか》る。

「僕も経験ありますけど、１年生から試合に出てると先輩の風当たりが強くなるんですよ。

しかも、清原さん、桑田さんは、普通の高校生ではないですからね。2人もがんばったんでしょうけど、距離を置いて見守っていたのは中村監督だったと思いますよ」

ＫＫコンビ、そして立浪らの時代まで、ＰＬは空前絶後のスター軍団だった。過去にあそこまで注目を集め、かつ全国制覇を意識させられたチームはなかったのではあるまいか。名将と呼ばれる人は何人もいるが、あれだけの重圧のなかで監督を務めた経験を持つのは中村だけである。

嫌われた男

明徳義塾

馬淵史郎

1990〜2005
2006〜現在

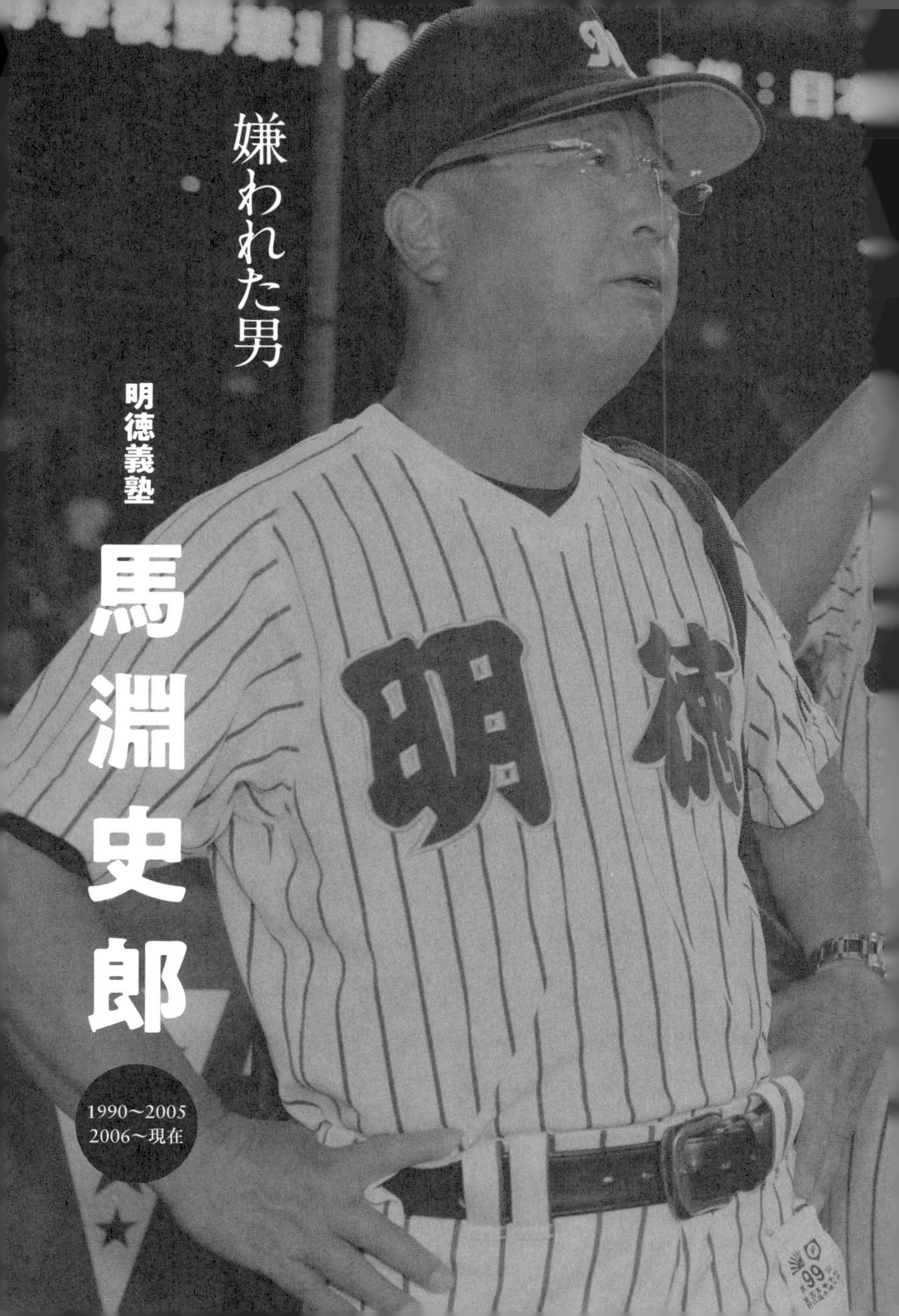

馬淵史郎と、中本史郎

激闘！甲子園
２００６年８月25日

会いたいと思い続けているひとりの少年がいる。

その少年の名前だ。ただ、今はもうそれは永久にかなわなくなってしまった。それこそ、
中本史郎――。

ＳＦ小説のように時がねじれでもしない限り。

というのも、彼はもうすでに壮年といっていい年齢に達してしまったのだ。

彼は今、明徳義塾の教頭になっている。なお明徳にやってきた31歳のとき、途絶えかけていた母親の旧姓を継ぐことになったため現在は馬淵史郎《まぶちしろう》という名前に変わった。昨年夏までは野球部の監督も務めていたが、甲子園出場を決めながら大会開幕の２日前に過去の不祥事が発覚。チームは出場を辞退し、馬淵もその責任をとって監督を退いた。

昨年末、とある相手に取材を依頼し手ひどい断られ方をした。凹《へこ》んでしまった心が低反発マクラのようにすぐには元の形に戻らなくなってしまい、そのとき咄嗟に思った。馬淵に電話をしてみようと。

ちょっとした頼み事があり、数週間前にその件のことで手紙を送っていたので、いずれに

せよ電話で改めなければいけなかったのだが、監督を辞めてから初めて連絡するということもあって、どう話していいものやらと、なかなか踏ん切りがつかないでいたのだ。でも弱ってしまった生が、のどが渇いたときに水を欲するがごとく自然に馬淵の強靭な生を求めていた。そのため緊張感から躊躇していたことがまるで嘘のように、実にスムーズに電話をかけることができた。

「ご無沙汰しております」

「イメージ悪ぅて、すいません！」

いきなりの先制パンチ……。ひとまず笑って誤魔化した。

どうしてそんな攻撃を受けたのかというと、夏の甲子園のときは毎年、朝日新聞出版が発行する『甲子園ヒーローズ』という雑誌の仕事をしており、その雑誌の後ろの方のページに記者らの日記風の読みものがあるのだが、そこで僕は密かにこんなことを書いていたのだ。

8月19日・第14日

大会もあと1日。個人的にはやっぱり明徳義塾の馬淵監督に会いたかったなぁ……。あの人がお立ち台でまくしたてる姿を見たかった。松井への5敬遠以来、あんまりいいイメージをもたれていないようですが、素顔は、裏表の少ない、とってもいい人なんですよ。馬淵さん、またいつかここに帰ってきてくださいね。（中）

ただ、いかんせん地味なページということもあって馬淵の目に触れていない可能性の方が高いと思ったので手紙と一緒にその雑誌も送っていたのだ。そのことが書かれているページに付箋を貼り、こんなことを書かせてもらいました、と。

近況をうかがい、事務的な話を終えた後、時間的にそろそろ頃合いかなと思い、締めのつもりでこんな言葉をかけた。「でも、元気そうで安心しました」。よく言うわ、しょげているのはおまえやろと自分で自分に突っ込みを入れつつ。

すると馬淵はこう壮語した。

「俺は少々のことじゃへこたれんよ」

ますますご健勝のこととお喜び申し上げます――。手紙の冒頭に書く定番の書き出しは、まさに馬淵のためにあるような言葉だ。

そんな馬淵をどこかで期待していたからこそ声を聞きたいと思ったのだ。電話を終える頃には自分の凹みもほぼ復元していた。

『コンサイス日本地名事典』（三省堂）によると日本全国には「大島」と呼ばれている島が26もある。愛媛県にはそのうちの3つがあり、1955年11月28日、中本史郎はその中のいちばん小さな大島で誕生した。

住所でいうと、愛媛県八幡浜市大島。八幡浜港から船に乗り、25分ほどで渡ることができる。ちなみに運賃は往復で950円。

船乗り場にあった小屋同然の待合室の壁にはこんな文句が躍っていた。

《太陽と青い海　大島へ!!／海水浴・キャンプ・釣りなどに大島へ一度尋ねてみませんか》(原文ママ)

しかしそれはまだ石原裕次郎や美空ひばりが生きていた頃の話。今の大島には、宿泊施設はひとつもなく、船の便数も少ないため日帰りで遊びに行くことさえもできない。事実上、観光客を拒絶している島といっていい。

多いときには人口も2000人を超えていたが、今は300人前後まで激減。2003年の冬、僕が訪れたときは、島内に唯一ある学校、大島小・中学校の生徒は9名しかいなかった。島内にはすでに6歳以下の子どもは一人もおらず、そのとき最下級生だった小学2年生が中学を卒業する頃には生徒数はゼロになる可能性が高いと校長先生は話していた。過疎化という言葉では足りない、大島は今、限りなく消滅に向かって突き進んでいた。

そんな小島で、日本が高度成長期を走り始めた頃、史郎少年はどう育てられたのか。今は松山に住み、今年で84歳になるいかにも人のよさそうな母の中本アキ(故人)はこう語っていたものだ。

「あの子は育ったんですよ。育てたんじゃない。ああしたらいいけん、こうしたらいいけんということもなく、大自然の中、夜が明けてから日が暮れるまで好き放題。ちょうど仕事も忙しい頃でして（父の中本正夫は中学の体育教師、アキは小学校で養護教諭をしていた）、あの子をみてやる暇もなかったんです。言葉は悪いですけど、牛の放し飼いみたいなもので（笑）。牛の放牧です！」

アキの回想でもっとも印象に残っているのはこんな話だった。

小型船舶の免許制度がまだなかったその当時。史郎少年は小学校4年生ぐらいにもなると、4馬力ぐらいの船（小さな釣り船程度）を自分で運転し一人で釣りにでかけることがよくあったそうだ。

「そうやって魚を釣ってくると、『先生、魚釣れたぞ』って、ほいっ、て独身の先生のところに持っていってあげたりね。あの子は、なんか、そういう憎めんところがありましたね。そんなんとか……あとは、夜が明けると、金突き（モリのこと）を持って、海岸沿いをタッタ、タッタと走るんです。そうして何匹かタコを突いてくるんですよ。そんなんが大好きでね。どこを潜ってもウニやサザエが獲れよった時代ですから。道を歩きよっても、『あら、タコ』いうような感じで。それを史郎が金突きで突いて、はいっ、て持ってきてくれるんです」

魚を「ほいっ」と持っていき、タコは「はいっ」と持ってきてくれる。アキのそんな描写は、今にも通じる人懐っこい史郎少年の往時の姿をありありと自分の頭の中に蘇らせてくれた。

史郎少年は中学2年まで、この小さな島でソフトボールと釣りに明け暮れて過ごした。子どもの野性を変に矯正されることなく。馬淵は思い起こす。

「まあ、自然児よね。あんなところで育ったら。冬は魚釣り、夏は海水浴。あとは……スイカ盗んだり、カキ盗んだりしては、大人にこっぴどく叱られたりしてな。宿題なんてやった記憶ないな」

史郎少年だけではない、この時代の大島の子どもの多くが「牛の放牧」のような育てられ方をしていた。だから、ごつごつとした石はごつごつとしたまま、つるつるとした石はつるつるとしたまま。誰もが生まれ持った資質を大人になってもそのまま持ち続けることができた。

今の馬淵を見ていて、どうしてこういう人間ができあがったのだろうと思うよりも、小さい頃と変わってないだけなのだろうな、そう思うことの方が多いのはそのせいに違いない。

勝ち気で、無鉄砲で、大言壮語なところがあって。それから……ピュアで、悪賢くて、愛嬌があって、無愛想で、正直で、嘘つきで。あとから加工や修正を施されたように見える箇所がほとんどないのだ。

今から遡ること14年前、1992年夏の甲子園でのこと。馬淵率いる明徳義塾が星稜（石川）の主砲である松井秀喜（元ヤンキース）を5打席連続で敬遠したとき、世間は馬淵のことをこうバッシングした。

勝利至上主義に毒されている、と。

しかし馬淵は小学4年生のときに大島でソフトボールを始めてから、三瓶《みかめ》東中のときも、三瓶高のときも、拓殖大のときも、社会人チームの阿部企業の監督をしていたときも、負けていいなんて気持ちで野球と接したことは一度もなかった。

「どちらかというと血の気の多い家系」（長男の彰三）に生まれたということ。そして大島という自由な環境で少年期を送ったこと。また愛媛という野球王国で思春期を過ごしたこととも無縁ではあるまい。いくつもの要因があるのだろうが、本人の言葉を借りれば馬淵はいつだって「命を張って」野球をしてきた。その習いが血肉化していた。

馬淵は明徳義塾という勝利を義務づけられた高校の監督だったから、あのようなある意味非情な作戦を用いたのではない。生来から持つ負けじ魂に忠実だったからこそあの作戦を選択したのだ。

そう考えていくと、毒されていると非難した側にこそ、その言葉は跳ね返っていく。

観る側の方がむしろ、過度に美化され実像とかけ離れつつある「高校野球」というイメージに毒されていたのではないか。そして、常に漂白された服しか身につけることのできない潔癖性体質になってしまった。

誤解を恐れずに言えば、レクリエーションならともかく、競技スポーツは「真っ白」ではありえない。一見するときれいに映っても、目を凝らして見れば、うっすらと汚れが付着しているものだし、穴を取り繕った跡だってあるものなのだ、普通は。

好き嫌いをこぼすのならまだしも、ルールブックを反故《ほご》にしたわけでもないのに、そんな服は着ることはできないからもっときれいな服を用意しろと、そこまで言うのは観る側のエゴだ。わがままだ。

昔のままの馬淵と、無い物ねだりがエスカレートしてしまった高校野球ファン。

今にして思う。あのとき、どちらがより純粋だったかという点においていえば、馬淵の方がはるかに純粋だった。「毒」が回っていたのはむしろ高校野球ファンの方である。

もし、それこそ時がねじれて少年期の中本史郎に会うことができたならば、僕はこう声をかけているに違いない。

ぜんぜん変わってないね、今と。

ヒールの美学

週刊現代
2012年8月11日

20年前の甲子園を彷彿とさせた。

後ろの客が「うそ！」と素っ頓狂な声を挙げる。

続いて、罵声。

「コラーッ！」

「勝負せいや！」

「お家芸か！」

7月24日、全国高校野球選手権高知大会の決勝戦でのことだ。明徳義塾と高知高校の試合は、1-1の同点のまま、延長12回表を迎えていた。

高知2死一塁――。左打席に、強打の4番・法兼《のりかね》駿が立つ。直後、明徳義塾の捕手が体を横にずらし立ち上がった。前打席に続く2打席連続の敬遠だった。

一塁ベースが空いているのならともかく、敬遠したら、みすみす相手走者を得点圏まで進めてしまうことになる。にわかに球場が騒然とする中、明徳義塾の監督、馬淵史郎は、一塁側ベンチの前で腕を組んだまま仁王立ちしていた。

「監督が腹決めたら、選手も腹決まるんよ。少々の小知恵より、人間は覚悟よ」

法兼に対しては、この日2つ目の敬遠というだけでなく、5つ目の四球でもあった。

「ランナーがいなかったらアウトコースの際どいところを突いて、レフト前ヒットまでならOK。ただ、ランナーがおったら歩かせるって決めとった」

明徳義塾は、あえて2死一、二塁とピンチを大きくし、前の打席でヒットを打っていた5番打者との勝負を選択した。

「そら、リスクあるけど、あそこは賭けよ」

そして、5番打者をセンターフライに打ち取った。

その裏、明徳義塾は、1死二塁から9番打者が左中間を破る。その瞬間、3年連続となる夏の甲子園出場を決めた。馬淵は、両腕を高々と突き上げ、ベンチを飛び出した。

ただ、優勝監督インタビューの間も、スタンドからはヤジが飛んだ。

「『愛媛に帰れ!』と言われたわ。ふふふ。勝ったらいかんのかの。はあ、でも、勝ててよかったあ……」

そう呟いて、ベンチ内のイスにぐったりと腰を下ろした。

忘れられないシーンがある。

「ええやん。あれで松井の株が上がったんやから」

今も語り草になっている「松井5敬遠」のことについて、馬淵に初めて尋ねたときのことだ。

1992年夏、馬淵率いる明徳義塾は、甲子園の初戦で石川代表の星稜とぶつかった。そして星稜の主砲、松井秀喜（元ヤンキース）を5打席連続で敬遠し、3－2で勝利した。しかし、スタンドは「帰れコール」の大合唱。その後、社会問題にまで発展した。

それにしても、キワドイ物言いをする人だなと思った。しかも、そのときは初対面だったのだ。記者にそんな話し方をしたら、どのような誤解を受けるかもわからないというのに。ただ、それはテレビで受けた印象とまったく同じだった。どこかギラギラしていて、発言が直接的で、自分を飾らない。

取材を受けているときと、普段の姿。そのギャップが馬淵ほど少ない人物も珍しい。まるで、生まれたときに「警戒心」をどこかに置き忘れてきてしまったかのようだ。

馬淵は、ある本に書かれているコメントに関し、ぼやいていたことがある。あんなこと言っとらんのに、と。さっそく、その本を確認した。

よくぞこれだけ明け透けに語ったものである。馬淵が半ば得意になり、話が止まらなくなってしまった様子がありありと浮かんだ。想像するに多少は誇張も含まれているのではないか。

いずれにせよ、これだけ話してしまったら、どうしようもない。馬淵の中にどれだけ「取材」という意識があったのかはわからないが、おそらく取材という前提の下でのやりとりだったに違いない。そのあたりは、記者は馬淵の何倍も用意周到なものだ。

おそらくこれと同じような失敗をこれまで何度となく繰り返しているのだ。

毎度のことながら、囲み取材も冷や冷やする。馬淵が、つい口を滑らせてしまうからだ。

かつて、次に対戦するチームの印象を尋ねたときに、思わずこう言ってしまったことがある。

「並やな、並」

だが、馬淵を知る記者たちは心得たもので、そこは「馬淵節」としてスルー。翌日も、無難なコメントで記事はまとめられていた。

それにしても危なっかしい男だ。だからこそ魅力的でもあるのだが。

「みんな俺のキャラクターをわかってくれるようになったからな。昔は、松井5敬遠でぼろくそ言われて、ヒールあつかいよ。勝ったらおもしろくないって言われた。でも、大監督で、教育者で、っていうイメージつくられる方が大変だよ。これは持って生まれた性格やから。爽やかな感じを出そうにも、照れくさぁーて、できないんすよ」

馬淵は１９５５年11月28日、愛媛県八幡浜の大島で生まれた。県の南西部にある八幡浜港から、船で25分ほどのところにある過疎化と高齢化が進む人口３００人以下の小さな島だ。すでに馬淵が通った大島小・中学校も廃校になってしまった。

馬淵は小学4年生ぐらいになると、４馬力の船を自分で運転し、一人で釣りに出かけるようになったという。馬淵の母、中本アキの話でもっとも印象に残っているのはこんな話だ。

「そうやって、魚を釣ってくると『先生、釣れたぞ』って独身の先生のところに、ほいって、持っていってあげたりね。タコがいたら、金突きで突いて、私のところへ持ってきてくれる。はいって」

そうした人懐っこさや、人を喜ばせようとする心は、今にも通じる。馬淵は人を接待するときは、最初に机いっぱいになるほどの料理を注文するのが常だ。

「そんなんで、ケチったって、しゃあないやろ。人をもてなすってのはそういうことやから」

馬淵は、中学2年生まで大島でソフトボールと釣りに明け暮れて過ごした。

馬淵が思い出す。

「まあ、自然児よね。あんなところで育ったら。冬は釣り、夏は海水浴。スイカ盗んだり、柿盗んだりしては、大人に怒られてな。宿題なんてやっていった記憶ない」

馬淵は、そうして生まれ持った性分を矯正されることなく育った。今の馬淵を見ていて、どうしてこういう人間ができあがったのだろうと思うよりも、小さい頃と変わっていないだけなのだろうなと思うことが多いのは、そのせいだ。

「野球は勝たないかん。それがなくなったらやめる。負けてもええような勝負やったら、やるな、って。監督なんて、みんな勝ちとうてたまらんのじゃけん。俺は、それがいちばん正直やと思うんだけどね」

これは馬淵が後天的に身に付けた主義主張というよりは、子どもが本来持つ素直さ、頑是《がんぜ》無さのようなものなのだ。だが後に、この無邪気さが波紋を呼ぶことになった。


馬淵は大島を出た後、三瓶高、拓殖大を経て、阿部企業に入社。そこで社会人チームの監督を経験し、87年に明徳義塾にやってきた。監督になったのは90年8月のことだ。「松井5敬遠」が起きたのは、監督就任3年目、馬淵が36歳のときのことだった。

「あれで勝利至上主義だの、言われたけどな。でも、敬遠を汚いと批判する人もおるけど、うちは無条件で走者を出すというリスクを背負って、正々堂々戦ったんやで。敬遠という作戦の難しさ、怖さは、わかっとる人はわかってるはず。とやかく言われる筋合いはないと思ってる。知恵を絞って勝とうとするから勉強になる。照れくさぁーて、野球は教育やとかは言えんけどな。でも、あの試合は今でも俺の誇りよ」

実際に、馬淵も甲子園で4番に据えていた寺本四郎（元千葉ロッテ）が3連続敬遠を受けたことがあった。だが、それがかえって大量得点につながった。おそらく甲子園の歴史を紐解いても、徹底した敬遠策が奏功した例はそうはない。

走者を出すという作戦的な難しさだけでなく、そのことで投手の自尊心を傷つけたり、球場の雰囲気が変わってしまうなどの事態を引き起こすせいだ。

そこをクリアし作戦を完遂するには、馬淵の口癖でもあるのだが、「監督がカラスが白だと言ったら白だと思え」という教えを選手に信じ込ませる強烈なカリスマ性が必要になる。「松井5敬遠」当時の選手たちは、監督の言うことは100パーセント信じ切っていたし、今の選手たちも馬淵に対してそれぐらいの「信仰心」は持っているはずだ。さもなくば、決勝の高知戦で、5回も4番との勝負を避け、2－1という接戦をものにできるはずがない。

ただし、こんな反省をしていたことはある。

「極端に言えばね、玄人《くろうと》さえわかればいいと思って野球をやっていた時期があるんです。玄人が見て、あいつはよう野球を教えているって思われたい、と。これが俺の出発点。でも、それが間違いやった。玄人受けしかしないのは二流なんですよ。大衆の方が圧倒的に多いわけやから、たいした芸でなくてもそっちに受けがいい役者とか歌手の方が一流になれる。玄人はだしで味がある……なんて言われるのは所詮、みんな二流ってことなんですよ。だからって、今さら生き方を変えられるものでもないんやけどね」

確かに5敬遠のときも専門家はあからさまな批判はしなかったし、中には一定の評価を与える人もいた。猛烈なバッシングを浴びせたのは、そのほとんどが、言ってみれば素人《しろうと》である。馬淵はそもそも、そっちを向いて野球をやってきた人間ではなかった。

今も、その傾向はさほど変わらない。あるとき、監督同士でこんな議論になったことがあった。

明徳義塾は、ある試合で、1死一、二塁の場面でセンター前のフライを故意に落球した。それで、まずは二塁をフォースアウトにし、それから二塁走者を挟んでゲッツーを成立させた。だが、それをやはり一部の関係者に非難されたのだ。

「横浜高校の渡辺（元智《もとのり》）さんもおったんやけど、『高校野球はそうやって発展してきたんや』って言っとった。さすがやね。同じことを内野の小フライでやるとナイスプレーって言われるのに、なんでやろ。俺の人徳のせいもあんのかな。俺は、やれることはやっていいと思ってるけどね」

馬淵らしい物言いである。元来、「本音をオブラートに包む」という術を知らないのだ。

松井5敬遠からちょうど10年後、2002年夏に、馬淵は念願の大優勝旗を手にした。その瞬間は、人目もはばからずに泣いた。

「感無量ってのは、このことなんだって思ったね。あのときほど、男に生まれてよかったと思ったことはなかった」

優勝後、決勝の相手でもあった智辯和歌山の高嶋仁は、こう警戒していた。

「一度、壁を破ると、ぽんぽん勝ち始めるようになるからね。明徳は、あと10年で何回か優勝するんちゃいますか」

だが、その後は、また足踏みが続いた。

「やっぱり不祥事よね。あれでおかしくなった」

05年夏、明徳義塾は、戦後最長となる8年連続で夏の甲子園出場を決めた。ところが開幕を直前に控え、不祥事が発覚。匿名の投書によって、下級生の部員への暴力行為と、喫煙が明るみに出たのだ。明徳義塾サイドは開幕前々日に自ら出場辞退を申し出た。それにともない、馬淵も1年間の謹慎処分を食らった。

投書の発信源は十中八九、内部だった。

「極端な話、みんな我が子が松井やイチローになれると思うとる。だから、レギュラーを外されると辛抱できなくなる。なんでうちの子は出られんのや、と。そのあたりの不満から、いろいろな問題が起きてくる。補欠でも3年間続けたら、これほど立派なことはないんですけどね。そう言ってやれる親が今はいない。子が変わったんじゃない、子を教育する親が変わったんです。子どもは江戸時代から同じですよ」

この一件があってからは、甲子園出場さえもままならなくなった。夏は10年に出るまで、監督に就任してから最長となる6年も遠ざかった。

「不祥事があると、選手に敬遠されるやろ。そうすると、結果も出なくなる。悪循環よね。やっぱり一度、こういうことがあると持ち直すまでに時間がかかる」

だが、ここへきて夏は3年連続である。また、少しずつ流れが戻ってきた。

「うちは10年周期で何か起きるからな。今年は自信あるよ。まあ、見とって」

松井5敬遠から10年で全国制覇。今年は、それからさらに10年が経った。

「今年の1年生は、ええよおー。もう一回、黄金時代がきたら、また8連覇できるかもしらん」

ただし、注意しなければいけないのは、この手の話は毎年しているということだ。いつ行っても「今年の1年生はええ」のである。

校長の吉田圭一が、こう笑っていたことがある。

「馬淵君の話が本当だったら、もうウチから100人ぐらいプロいっとるわ」

同感である。

鼎談　あれしか松井に勝つ方法はなかった

週刊現代
２０１３年5月25日

福角元伸
ふくずみもとのぶ◎１９７４年生まれ。明徳義塾戦に星稜の6番ファーストとして出場し、4打数1安打1打点。大阪産業大卒業後、報知新聞社を経て現在は朝日新聞運動部のプロ野球デスク。卒業後も松井秀喜とは親交があり、あの頃のチームメイトで温泉旅行に行くこともある。

河野和洋
こうのかずひろ◎１９７４年生まれ。明徳義塾で高3の夏前までは野手だったが、夏に投手として登録され、星稜戦に先発投手として登板。完投勝利を収めたが、松井に5連続敬遠を与えたことで、観客の大ブーイングを浴びた。専修大、ヤマハを経て、日本橋学館大学野球部のコーチを務めた。

岡村憲二
おかむらけんじ◎１９７４年生まれ。高3の夏、県予選と甲子園に明徳義塾のエースナンバーを背負って臨んだが、星稜戦は登板せず4番ファーストで出場。敬遠で歩かされた松井を間近で見た。専修大を経て明治安田生命野球部でも活躍。現在は同社の大宮支社桶川営業所所長を務める。

福角　あの日以来なので、まず握手させてもらってもいいですか。松井ともよく話すんですけど、あの試合、最後の整列のときに僕らは握手もしないでプイッと帰っちゃった。まだ高校生だったとはいえ、失礼なことをしてしまったなと。

岡村　そんなことないですよ。してくれないだろうなと思ってましたから。あの雰囲気では（笑）。

福角　松井はいつも言っていたんです。清原（和博）さんや桑田（真澄）さんは打って投げて有名になった。でも自分は何もしてない。敬遠で全国区になった選手なんて後にも先にも自分だけだから、あの試合のことは感謝してるって。

河野　敬遠がなくてもプロには入っていたでしょう。

福角　当時の星稜の部員たちは松井を見てプロをあきらめてましたからね。こういう選手がプロへ行くんだ、と。後々、その中でも松井は規格外だったとわかりましたけど。僕らが3年生になるときに甲子園のラッキーゾーンが撤去されて、その春の選抜大会の1回戦、宮古（岩手）戦で松井はいきなり2本ホームランを打った。そのとき、アナウンサーが「松井にラッキーゾーンは関係なーい！」みたいなことを叫んだんです。

河野　実は、僕らはそういうのをまったく知らないんです。明徳は全寮制の高校なんですけど、当時はまだ規則がすごく厳しくて、テレビや雑誌もほとんど見られなかった。だから、情報がほとんどなかった。

岡村　松井がどういう選手かを知ったのは、あの夏の1回戦、星稜と長岡向陵（新潟）の試合を観戦したときだった。松井が3打席目に右中間へ三塁打を打ったんですけど、化け物かと思った。

河野　打球が消えた（笑）。

岡村　金属音がしたと思ったら、もうボールがフェンスに到達していて。僕も4番を任されていたし、四国レベルでは打者としても自信を持っていた。でも松井は次元が違った。あの一振りだけでわかった。その日の晩のミーティングで馬淵（史郎）監督は言ったんです。「松井なしで考えたらええ。そうしたら、おまえらが負けるわけない」って。

河野　僕は最初、意味がわからなかった。全部敬遠するというのは試合当日になってやっと知った。

福角　うちは、あそこまで徹底してくるとは予想していなかった。2打席目あたりでなんとなくわかりましたね。今日は、松井は勝負させてもらえないんだろうなと。だからそのあとの打席で僕は完全に力んでるんですよ。俺たち完璧になめられてるぞ、と。それで外の変化球を引っかけてサードゴロ……。

岡村　馬淵監督はある程度、騒ぎになることを予想していた。だから捕手の青木（貞敏）に「絶対、立つな」と。でも、あれだけ大きく外したら、わかりますよね。

河野　最初の1、2打席目は、僕も監督に「ストライクが入らん振りをしろ」と言われていたので首を傾げたり演技してたんです。でもバレバレだったので、途中でやめました。

福角　新聞記者として、僕はこれまで何千試合も野球を観てきましたけど、あれは完全に明徳の作戦勝ちでしたね。5番の月岩（信成）も、6番を打っていた僕も、松井が歩かされたことで気合が空回りしてしまった。一度、高知で馬淵監督と飲んだことがあるのですが、その席でハッキリ言われました。「松井君以外は普通の高校生よりも下だと思った」って（笑）。

河野　そんなことないですよ。

福角　清原さんにも言われたことがある。「おまえらが打てへんかったから、あかんのや。俺らのPLやったらボコボコやったぞ」って。

岡村　その点、星稜はやっぱり松井とエースで3番の山口（哲治）のチームという気がした。僕はファーストだったので松井を何度も間近で見たんだけど、身体も衝撃的でしたね。僕も身長は180センチ以上あったのですが、松井は身長や体重では測れない迫力があった。骨格や肉のつき方が根本的に違うというか。

福角　いつもなら相手チームは3番・山口、4番・松井を徹底的に警戒してくる。でも、そのぶん5番以降のマークが甘くなるんです。だから僕らも打てたんだけど、この試合では逆に、5番以下をきっちり攻められた。

河野　監督に言われていたのは、とにかく対角線に放りなさいということだった。インハイを投げたらアウトロー、アウトハイを攻めたらインローと。

福角　河野さんは終始、リラックスして投げていたので、スタミナも持つし、高めに浮くということがほとんどなかった。僕も第3打席はレフト前にヒットを打ちましたけど、それ以外は引っかけたり、詰まったりして内野ゴロ。河野さん、グローブで顔隠して笑ってたでしょ。

河野　いや、必死でしたよ。ただ、コントロールだけはよかったから。実は、7回に回ってきた松井の第4打席は2死走者なしだったので、ここはやらんやろと思ったんです。でもベンチを見たら敬遠のサインが出てた。えっ、やんの？　と（笑）。3－2でリードは1点でしたからね。2点差がついていたら勝負していたと思います。

岡村　松井は4打席目あたりから、さすがにイライラしていましたね。塁上で握り拳をつくって、何かに耐えるように目をつむっていましたから。瞑想しているようにも見えた。そうやって気持ちを落ち着けていたんだと思う。それでも怒りを表に出さないあたりは、さすがだと思いましたね。

河野　僕も大学生のとき3打席連続で敬遠されたことがあるけど、やっぱり腹立ちましたからね。「勝負しろよ、このやろう！」って。松井の気持ちが少しだけわかりました（笑）。

福角　松井は入学したときから、ひとりだけ高校生の目つきじゃなかった。ミーティングとかも、あの切れ長の目で、聞いてるのか聞いてないんだかわからないような顔をしている。

でもちゃんと聞いてるんですよ。あいつは練習方法とかも全部、自分で考えるんです。ウエイトも背筋と太ももばっかりやっていた。科学的に正しいんです。ただ、そういう知識を仲間に教えたりはしない。僕らは見栄えをよくするために胸の筋肉ばっかり大きくしようとするんですけど、それを横目にひとりで黙々と背筋を鍛えているのが松井という男なんです。

岡村　精神的にもやっぱり別格。松井はあの試合、確かに一度もスイングをしていない。でも、ある意味、打つ以上のインパクトを残した。だから評価されたんじゃないですか。もっと言えば、それが国民栄誉賞までつながった。

福角　明徳の作戦以外に、あの日は暑さにもやられた。グラウンド上の気温は優に40℃を超えていたと思います。第3試合だから、いちばん暑い時間。しかも試合前、通路でけっこう待たされたので、それだけで疲れちゃって。ヘロヘロの状態で試合に入ったもんだから、誰かやってくれるだろうみたいな他人任せな雰囲気も漂っていた（笑）。そうしたら、この夏、予選を通じて初めて先制点（2回裏に明徳が2点を先取）を取られちゃったでしょう。だから、焦る、焦る。いろんな要因が重なった。

岡村　馬淵監督は試合前、こういう試合は絶対に先制点が必要だと言っていました。だから僕らはまずはそこに集中していた。馬淵さんの勝つことへの執念を感じていたので、暑さはまったく気にならなかった。

福角　さすが、鍛え方が違う（笑）。

河野　僕も暑さは覚えてないですね。疲れたという記憶もない。それよりスタンドのヤジが怖かった。ベンチ脇でキャッチボールをしてたら、ヤクザみたいな人が寄ってきて「殺すぞ」って言われましたから（笑）。

福角　その割には淡々と投げていましたよね。ほとんど無表情で。

河野　実は壮行会でスペアリブを食べたときに歯がバキッと折れてしまって……。それで口を開けられなかったというのもあるんです。

岡村　あった、あった。あれは笑えた。

河野　この試合、2時間7分だったんですね。もっと早かったような気がする。

福角　すーっと進んじゃった。

河野　9回のゴミ拾いがなかったら、1時間半ぐらいで済んでたかも（笑）。

福角　言えてますね。9回表、2死から3番・山口が三塁打で出て、松井が5度目の敬遠で歩かされた後、星稜のアルプススタンドからメガホンとかゴミが投げ込まれて……。

河野　集中してたのでしばらくは何が起きたのかわからなかった。なんで中断しているのかな、と。

岡村　騒ぎになるとは思っていたけど、あそこまでなるとは……。想像を超えていました。目の前に凍った500ミリリットルの缶ビールが飛んできましたから。殺されるかと思った。でも、そんな中でも松井は瞑想をしていましたよ。

福角　あのとき、うちの選手たちもゴミ拾いを手伝いに行ったんですよね。でもあそこは松井が歩かされたとはいえ、いいリズムできていた。山口が三塁打で盛り上げてね。あのままの流れで一気に畳みかけたいところだったのに……。

河野　山口に打たれたのは、野球の神様がそういうシナリオを書いていたのかなと思いましたね。

岡村　5度目の敬遠がなかったら、印象はぜんぜん違っていたでしょうね。

河野　でもあの中断で一呼吸おけましたからね。あの騒動はむしろこっちに有利に働いた気がする。

岡村　あのときもすごかったけど、僕らが校歌を歌っているときも驚きました。伴奏がまったく聞こえませんでしたから。

河野　最初、スタンドの人も一緒に歌ってくれてるんだと思ったんですよ。やっぱり高校野球ファンはやさしいな、と。そうしたら「カ・エ・レ！」「カ・エ・レ！」だった。

福角　明徳の校歌を聞いてるときは、松井も「終わった、終わった」って。けっこうサバサバしてた。「帰ったら海に行くか」みたいな話をしていた覚えがある。

岡村　でも、どうだろう、松井と勝負してたら確率的には、やっぱり1本ぐらいホームランを打たれていたのかな。

福角　打ったでしょう。モノが違いましたから。

河野　僕は松井だけ抑えろと言われれば何とかなったかなと思ってるんです。あの頃の松井はまだ不器用なバッターでしたからね。攻め方はあった。ただ他の打者に打たれてるでしょうね。松井だけに集中したら、どっかで気が抜けますから。じゃあ敬遠すればどこでも勝てるかというとそんなものでもない。あそこまでやり切れる馬淵監督はやっぱりすごいですよ。僕が監督だったらできない。そんな度胸ないですもん。叩かれるし、あれで負けたら何を言われるかわからない。

岡村　馬淵さんは試合前、「あとは全部俺が責任を取る」って言っていましたからね。そういう信頼関係があって初めてできる作戦。僕が監督でもやりますよ。やるに決まってるじゃない。勝負なんだから（笑）。

福角　ただ、これは後から思ったことなんですけど、河野さんは野手だから敬遠できたんじゃないかな。

河野　入ったときはピッチャーだったんですけど、2年の終わりに野手一本にしぼらせてもらった。夏前にピッチャーが足りなくなって、急遽《きゅうきょ》戻ったんですが、ピッチャーとしての情熱はもう冷めていましたね。

福角　本当のピッチャーだったら性格上、できないんじゃないですか。一度、巨人の上原（浩治）がプロ1年目に松井と本塁打王争いをしていたヤクルトのペタジーニをベンチの指示で敬遠したことがあった。そのとき上原はマウンドを蹴り上げ、悔し涙を見せた。あれがピッチャーですよ。

河野　プロとしてピッチャーで飯を食っていたら、そうなるでしょう。自分に力がないことを認めることになりますからね。

岡村　僕は当時エース番号をつけていたんですけど、僕が登板していても勝負したいという気持ちはまったく起きなかったと思いますよ。それぐらいあの夏にかけてたし、何より勝ちたかったですから。

河野　そこは僕も同じ。よく「河野がかわいそう」と言う人がいるんですけど、ぜんぜんかわいそうじゃない。勝ったんだから。

福角　夏はやっぱり勝ったチームが強い、ということだからね。僕はあの試合で、社会の厳しさを教えてもらったと思ってる。松井はプロ入りしてから、審判の判定とかに文句を言ったことは一度もない。ああいう態度も、河野さんに鍛えられたんじゃないかな（笑）。

ロッキー・バルボアに憧れて

日大三

小倉全由

1997〜現在

理想の野球は「10―0」

Number 2011年9月15日

「夢」のスコアまで、あと1点――。

8回、2死二、三塁。4番・横尾俊建《よこおとしたけ》（日本ハム）が中前打を放ち、2人が生還。

11―0。

甲子園の決勝という大舞台で、1点ぶん、夢を超えた。

この夏、2度目の全国制覇を成し遂げた日大三高（西東京）の監督、小倉全由《おぐらまさよし》は常々こう語っていた。

「理想は、10―0で勝つ野球。1点差で勝つの、苦しいじゃない」

最大の山と見られたのは準々決勝だった。相手は、春の関東王者、習志野（千葉）。監督の小林徹は、常総学院の前監督、木内幸男と親しい。部長の加瀬弘明が「口には出さないけど尊敬していると思う」と話すように、木内同様、徹底したリアリストだ。戦力で劣っていても、変幻自在の戦術で勝利につなげる。その小林に小倉の野球観をぶつけるとこう返した。

「考えられませんね……。終わったら1点勝ってる。私はそういう野球を目指している」

そんな「現実」との対決も、夢のスコアの半分、5―0で制した。

小倉は打撃指導の常套句である「叩いて転がせ」だとか「上げるな」という言葉は使わない。大きな放物線を眺めながら、こう頬を緩める。

「どうだ？　気持ちいいだろ。練習すれば、もっと飛ぶようになるぞ」

そんな監督の気持ちに応えようと、選手らは、ますます練習に励む。寮に隣接する室内練習場に夜12時過ぎまでこもる選手も珍しくない。そこでマシン相手に2〜3時間、平気で打ち続ける。素振りやウエイトではなく、130キロ前後の硬球を打ち込み鍛えた筋肉だからこそ、1校だけ打球の質が突出していたのだ。

その結果、史上4校目となる6試合連続2ケタ安打をマーク。1試合平均10・2点を挙げ、小倉が理想とする「10点打線」を実現した。

2001年夏に最初の全国制覇を達成したときより破壊力は劣ると言われたが、10年前は夏にピークを迎えたチームだった。それに比べ、今年は昨秋の神宮大会を制してから常に優勝候補と言われ続けた。そんな中での戴冠だけに価値がある。小倉が話す。

「これまでは甲子園の方が采配が楽だった。ここまでこれたからいいや、って。だから甲子園でプレッシャーを感じながら采配するのが目標だった。そういう意味では、今年はそれができたし、なおかつ勝てたというのが嬉しかったですね」

決勝戦こそ大差がついたが、全体的には「最後まで何が起こるかわからない」という空気が支配した大会だった。その証拠に延長戦は、大会最多に並ぶ8試合。サヨナラゲームは7

試合。満塁ホームランも、八幡商（滋賀）の9回逆転弾を含め4本も出た。また、秋田県勢として14年ぶりに初戦を突破した能代商もベスト16入りし、大会を盛り上げた。

延長戦が1試合もなかった4ヵ月前の選抜大会とは対照的だった。春は震災直後の雰囲気を反映してか、全体に静かな大会だったのだ。だが、その時期を過ぎ、選手たちが野球ができるありがたさを体現した結果なのだと感じた。

最後に、こんなエピソードを紹介したい。ETCが普及する以前、日大三高の小倉は高速道路の料金所で、係の人に必ずこう声をかけていた。

「ご苦労様です！」

小倉ほどいくつもの勲章を手にしながらも、それで自らを飾らない人物も珍しい。理由は、簡潔だ。

「あいさつした方が気持ちいい」

10－0を目指すのと発想は同じ。

「そっちの方が楽じゃないですか」

小倉の思考は簡素だが年季が違う。だから一刀彫りのように力強いのだ。

郵便はがき

料金受取人払郵便

小石川局承認

1769

差出有効期間
平成30年11月
30日まで

112-8731

東京都文京区音羽二丁目
十二番二十一号

講談社
第一事業局企画部
行

★この本についてお気づきの点、ご感想などをお教え下さい。
(このハガキに記述していただく内容には、住所、氏名、年齢などの個人情報が含まれています。個人情報保護の観点から、ハガキは通常当出版部内のみで読ませていただきますが、この本の著者に回送することを許諾される場合は下記「許諾する」の欄を丸で囲んで下さい。

このハガキを著者に回送することを　許諾する　・　許諾しない　)

TY 000069-1611

愛読者カード

今後の出版企画の参考にいたしたく存じます。ご記入のうえご投函くださいますようお願いいたします(平成30年11月30日までは切手不要です)。

お買い上げいただいた書籍の題名

a　ご住所　〒□□□-□□□□

b　お名前《(ふりがな)》

c　年齢(　　　)歳

d　性別　1 男性 2 女性

e　ご職業　1 大学生　2 短大生　3 高校生　4 中学生　5 各種学校生徒　6 教職員　7 公務員　8 会社員(事務系)　9 会社員(技術系)　10会社役員　11研究職　12自由業　13サービス業　14商工業　15自営業　16農林漁業　17主婦　18家事手伝い　19フリーター　20その他(　　　)

f　本書をどこでお知りになりましたか。
1 新聞広告(新聞名　　　)　2 雑誌広告　3 新聞記事　4 雑誌記事　5 テレビ・ラジオ　6 書店で見て　7 人にすすめられて　8 その他(　　　)

g　定期的にご購読中の雑誌があればお書きください。

h　最近おもしろかった本の書名をお教えください。

涙の冬合宿密着記

Number 2012年2月9日

すでに唇が不格好に歪んでいた。

2011年12月19日。日大三高野球部の冬合宿、6日目のことだ。

昼過ぎ、1年生の太田和輝が軽く右足を引きずりながら、監督の小倉全由のもとにやってきた。フィールディング練習の際、太もも裏の肉離れを起こしたのだ。

目に涙をためながらケガの状況を説明する太田に、小倉はこう声をかけた。

「どうした？　悔しいのか」

太田は、黙ってうなずいた。もはや歪みは顔全体に広がっている。

「大丈夫だよ。走れるよ。足引きずりながら、やりゃいいんだから」

また、太田が無言のまま首を縦に振る。その仕草は、まるで親の愛を拒みながらも寄りかかろうとしている子どものようでもあった。

もちろん、もう走れないことは小倉もわかっている。仮に、太田が足を引きずりながらやろうとしたら、血気盛んだった昔ならともかく、今の小倉は間違いなく止めに入る。

そんな小倉の「嘘」がわかるからこそ、選手も安心して涙を見せられるのだ。

日大三高は昨秋、東京大会の1次予選で、ほぼ無名といっていい郁文館高校に2－4で敗れた。そのおよそ1ヵ月前、甲子園で通算2度目となる深紅の大優勝旗を手にしていたチームが本戦へ進む前に姿を消すという、大番狂わせだった。

その試合、太田は1－2と負けている展開で6回途中から2番手として登板した。しかし、そこからさらに2点を失い、追撃ムードに水を差した。それだけに、この冬合宿に期するところがあった。

「すごい厳しいっていう噂は聞いていた。それでも、早くやりたいと思っていた。冬が終わったら、自分がどれだけ変われるのか楽しみにしていたんです。それなのに……」

日大三高に入ると、1年生は、事あるごとに先輩から冬合宿の過酷さについて聞かされる。今風の言葉を使えば「ハンパないぞ」「やばいよ」といった感じで。つまり、半分、脅されるのだ。

ただ、後輩たちは内心ではそんな冬合宿を怖れながらも、反面、それを乗り越えたときに出会えるだろう未知の自分にどこかで憧憬を抱いてもいる。

昨夏、6試合で計61得点と、段違いの破壊力で全国の頂点に立ったメンバーも、口々に、この冬合宿のことを語っていたものだ。いわく、あの合宿を耐え切ったからこそ、今の自分がいるのだ、と。

どの高校でも頻繁に耳にするようなセリフではある。だが、そんな中でも、日大三高の合宿での練習量はやはり尋常ではない。

一日12時間以上。それを15日間の内、最終日を除く14日間も続けるのだ。しかも朝練がある日は、5時に起床しなければならない。

合宿に入る前日、12月13日の晩。小倉は選手にこう問いかけた。

「どうだ？　逃げ出したいよな。明日の朝がくるのが怖いだろ。最初は嫌々でもいいんだよ。でも、最終日の前日は、今度は次の日がくるのが待ち遠しくなるからな。もうこれで終わりなんだ、って」

選手たちにとって、もっとも辛いのは、朝起きることだ。そのため、各部屋とも、起床時間には目覚まし代わりに携帯音楽プレーヤーから音楽が流れるよう設定している。そうして少しでも気分を盛り上げるのだ。

朝練は「3勤1休」のペースだ。その「1休」は合宿中、選手たちにとって何よりのご褒美になる。副主将の富岡優太が話す。

「7時15分まで寝られるんですけど、それだけでもう天国ですね。すごい楽です」

19日は通常通り、朝5時半から朝練が始まった。まずは、寮に併設された室内練習場で軽い準備運動をする。外は、まだ真っ暗だ。

体が温まると、小倉は選手を集め、こう訓示を垂れた。

「6日目だから、もう体がパンパンだろ。それでも、昨日より前に出るんだぞ。7周だったやつは、7周半に挑戦してくれ。前より記録を伸ばすってことは辛いんだよ。でも、それが強くなってる証拠なんだ。そして、明日はそれを当たり前にしてみな。そしたら、そっからまた強くなれるんだ」

5時50分。選手たちは、霜が降りているグラウンドへ移動。そして、朝練恒例の「12分間走」がスタートした。グラウンドを12分間、ひたすら走り続けるのだ。

1981年、小倉が日大を卒業すると同時に監督として赴任した関東一高（東東京）時代から変わらぬ冬合宿の定番メニューだ。

「12分間で3000メートルぐらい走れる。それぐらいがいちばんエネルギーを消耗するらしいんですよ。もう30年も前に言われてたことだから、変わってるかもしれませんけど」

12分間走には、ひとつだけ決まりがある。小倉も一緒に走るのだが、その小倉を2度、抜かなければならない。選手は小倉の脇を走り抜けるとき、抜いたことをアピールするために自分の名前を大声で告げていく。そのたび、小倉もひと言、声をかける。

「コラッ！　もっと行けんだろ！」

「よし！　昨日よりいいんじゃねえか」

周回を重ねるごとに、選手の体全体から立ち上る蒸気の量が増し、吐く息もだんだんと白くなっていく。

ようやく空と地平線の境目が白々とし始めた頃、12分間走が終了。それから、ジャンプや屈伸を取り入れながらの塁間ダッシュに約30分かける。それが終わると、室内練習場に戻り、下半身を中心とした16種目のトレーニングに移る。ひとつの種目を3分間やり、1分間休憩する。それを計16セットだ。

突然、スピーカーから大音量の音楽が流れ始め、それに合わせて一斉にスタートした。どの種目も、見ているだけで膝がガクガクと震えてきそうになる。だが選手たちは、まるでどこかのクラブで踊っているかのように音楽に合わせて楽しそうにステップを踏んだり、跳ねたりしている。全種目をやり遂げた瞬間は、さらに「異様」だった。両腕を突き上げながら叫び声を上げ、拍手をし、ハイタッチを交わすのだ。

小倉の中にあるのは、映画『ロッキー』のイメージだという。

「ロッキーが縄跳びを終えると、その縄を叩きつけるようにして次の種目に移るんです。そうやって、自分でどんどんテンションを上げていくのが理想。3分やって1分休むのも、実はボクシングを真似しました。だから、うちには疲れた顔をしながらやってる選手はほとんどいないでしょう？　黙ってやってたら、どんどん気分が落ちていきますからね」

そうして、早朝から足腰がフラフラになるまで体を酷使し、7時半頃、ようやく朝食の時間になった。

朝練のあとは、だいたい打撃練習、守備練習と続く。守備練習では、ノックでまた散々走らされることになる。そうして、夕方6時半にいったん終了。夕食を挟み、最後の仕上げは夜8時からのバットスイングだ。日によってさまざまだが、1時間から2時間を費やす。全練習を通し一日1000本も振れば、トップクラスのスイング量だ。しかし、日大三高では多い日にその倍の2000本に達する。ここまで振り込むチームは全国にそうはない。

夜間練習をこなし、風呂に入り、洗濯を済ませると、ベッドに入る頃には、だいたい11時近くになっている。そして、そこから時計の短針が約半周すると、また12分間走に戻るわけだ。

練習は嘘をつかない――。

小倉は、サインなどを頼まれると、決まってこの言葉を書き添える。この言葉に感銘を受けたのは、関東一高の監督就任2年目、24歳のときだった。

「試合に行くときに読んだ新聞に出てたんです。有名な女性のピアニストが『毎日、指を動かしてなかったら動かなくなる。練習は嘘をつかないんだ』って。やっぱり、そういうもんなんだなって思った」

最近は、効率を優先する時代の風潮もあるのだろう、どこの学校もめっきり練習時間が少なくなった。昔は当たり前のように7~8時間やっていた監督が、まるで人が変わってしまったかのように、3~4時間で切り上げるケースも珍しくない。

無論、その変節には一理ある。それによって効果を上げている高校も多い。

それに対し、小倉は30年間一貫して、マイナス面を自覚しつつも、あえて練習量を重んじてきた。冬合宿はいわば、そんな小倉野球の象徴でもある。

「オーバーワークって言ったらオーバーワークですよ。でも、やったらうまくなるし、やんなかったらうまくならない。そのどっちかじゃないですか。だったら、一生懸命やろうよ、って。それだけなんですよ」

数日間の合宿なら、あるいは1日だけなら日大三高を上回る練習量をこなしている高校もあるかもしれない。しかし、あれだけの量を2週間も継続している高校は見たことがない。

合宿期間中は、どの選手の部屋にも合宿終了までの日数をカウントダウンする「日めくりカレンダー」が掲げられている。昨年、合宿を一度経験している2年生の富岡が話す。

「一桁ではまだぜんぜん先は見えなかった。残り5日とか、4日ぐらいになって、ようやく終わりが見えてくるような感じです。そうすると、不思議と、体は疲れてるのに、また体が動くようになってくるんです」

例年だと11日目、クリスマスイブから、合宿はいよいよ佳境に入る。晩はケーキを食べながらカラオケ大会で大いに盛り上がり、残り4日間に向けて、一気にテンションを高めていくのだ。

ただ、今回は、途中で小倉が東京選抜の監督としてアメリカ遠征に行ってしまったため、いつもとは若干、雰囲気は異なった。それでも予定通り、選手とコーチだけで15日間の冬合宿は完遂された。

　富岡は、最終日の朝をこう思い起こす。

「最後の朝だけは、目覚ましの音楽なしでも起きられるんですよ。頭もスッキリしているし、体も軽くなったような気がする」

　小倉が言っていたことは本当だった。

　最終日は、朝練のみだ。最後のメニューは、選手たちがもっとも怖れる「ゴールデン」と呼ばれるダッシュと決まっている。命名の由来は定かではないが、それぐらいのスペシャルメニューだということのようだ。

　30メートル×10本。60メートル×10本。90メートル×5本。１２０メートル×１本。そして、80メートルインターバルで締める。最後の80メートルは、12秒以内で走り、48秒で戻ってこなければならない。それを10本だ。

　最大の見せ場、80メートルインターバルに入ると、一昨年は、最後の3本あたりで、もう泣き出す選手が出始めていた。

　ラスト1本を迎えると、いよいよクライマックスだ。球場にその年のテーマソングが流れ始める。日大三高では毎年、選手たちが好きな曲を1曲選び、それを試合前のロッカールームなどで歌い士気を高めるのだ。前チームのテーマソングは「Ｈｏｎｅｙ　Ｌ　Ｄａｙｓ」という2人組の『まなざし』という曲だった。現在は「嵐」の『Ｈｅｒｏ』だ。それらのテーマソングが選手の高揚感を誘う。

最後の1本は、もはやタイムは関係ない。全員で手をつないで走る。ネット裏のスタンドには、父兄やOBが大勢集まり、そんな選手の姿を見守っている。東京を離れる数日前、小倉はこう苦笑していた。

「最近は50〜60人ぐらい集まるんでね。それまでは外野がゴールだったんですけど、みんなに見えるように、逆に、外野からスタンドに向かって走るようにしてるんです」

手拍子の嵐の中、最後の組がゴールし終えると、まるで優勝シーンのように輪ができ、誰彼なしに抱き合い、涙を流す。その姿を見て、小倉もやはり目を真っ赤に腫らすのだ。

そんな光景が日大三高では、毎年、変わらず繰り返されてきた。

前年、1年生として初めて合宿を経験した富岡が振り返る。

「やり切ったという意味で、やっぱり涙が出ましたね。ほんと、しんどかったですから。想像以上でした。やばいです。ほんと、やばい。実を言うと、自分は泣かないんじゃないかって思ってたんですけど、ゴールデンのときに曲が流れてきて、それを聴いたら（涙が）出てきちゃいましたね。『まなざし』は、合宿の最終日にぴったりの歌詞なんで」

ただ数年前、ある関係者に「あれはショーだ」と揶揄されたことがある。それが人づてに小倉の耳にも入った。

「ショックでしたね。あそこの練習はいい雰囲気だって噂が広まると、そういうことを言いたくなる人が出てくるんでしょうね。優勝したときもそう。あれだけの選手がいたら当然だ、とか。世間ってそういうもんですよね」

そんな小倉の心の傷を癒したのは、関東一高時代のOBだった。

「初めて甲子園に出たときの代なんですけど、彼らとは毎年、年末に会うんです。あの時代の冬合宿も印象的でね。腰を痛めていた選手が、最終日、足を引きずりながらゴールしたんです。それで、そいつを最後にみんなで胴上げして。その話を今でも選手たちによくするんだ、って言ったら、そいつが泣きだしてね。もう40いくつのおじさんですよ。そうしたら、つられて、他のやつらまで泣きだしちゃって。ああ、やっぱり俺たちのやってきたことは、絶対にショーなんかじゃないって思えたんですよ。俺と選手たちがわかってればいいんだ、って」

小倉の教え子たちは本当によく泣く。それはおそらく、小倉が普段から何の臆面もなく感情をさらけ出すため、選手たちもそれに感化されてしまうのだ。

小倉の人となりを知るには、小倉の好きな映画の話に耳を傾けるといいかもしれない。

「大学生の頃は『仁義なき戦い』のみでしたね。日大に通いながら、三高のコーチをやってたんですけど、映画を観たあとは『われ、なにしとんじゃ！』って広島弁でノックしてました。『ロッキー』にはまったのは、そのあと。僕まで、目がギラギラしてきちゃって。今でも選手たちによく見せますよ。何で俺がロッキーが好きかわかるだろ、って。基本的にハッピーエンドじゃないと嫌なんですよ。だから『幸福の黄色いハンカチ』なんかも大好きです。最後、ハンカチが上がってるのを観たときは、思わず拍手しちゃいましたね」

好きな映画の話をしているときの小倉は本当に幸せそうだ。日大三高の選手たちの話をしているときと同じ表情をしている。

そう、言ってみれば、日大三高も、そんな小倉が好きな映画の世界そのものなのだ。効率とは無縁。複雑さとも無縁。

小倉は今も単身赴任で、選手たちとともに野球部寮で暮らす。

「三高の合宿所は、物語の舞台みたいなものですよ。高校生は純粋ですから。だから、この年になってまで、自分も何の駆け引きもなく付き合える。ほんと、幸せ者ですよ」

ただし、こんな「演出」には余念がない。

「選手が熱を出すと、必ず夜中の2時に起きて、氷枕とパジャマを替えに部屋に行く。そうしたら、すぐに『小倉信者』になる。氷枕は必需品ですよ。だから、選手が熱を出したら、密かに信頼関係を築くチャンスだって思っちゃう。はははは」

日大三高の物語は、やはりショーではない。ショーと呼ぶには、あまりにも長過ぎる。ショーで耐えられるのは、せいぜい3時間までだ。しかし、「日大三高物語」の上演時間は、365日もある。

蛇のように賢く、鳩のように素直に

週刊現代
2012年7月7日

永遠の若大将——。

昨夏（2011年）の全国王者・日大三高の監督、小倉全由のことをそう茶化していた他校の監督がいたが、なかなかどうして、ぴったりなニックネームである。

円熟期を迎えた55歳だが、小倉はいつもどこかに若々しさをたたえている。

日大三高はこの春、東京大会の1回戦で東海大菅生《すがお》に3－5で敗れた。かつては選抜大会で滅法強く「春の三高」と呼ばれていた日大三高だが、1997年に小倉が就任してからは2001年夏と11年夏に全国制覇を成し遂げるなど暑い季節を得意にしている。そう、だから、永遠の若大将には、これからの季節の方が断然似合うのだ。

全国でも指折りの名門であり、かつ豪快な野球で知られる日大三高は、小倉の人間性をそのままトレースしたようなチームである。

『仁義なき戦い』、『ロッキー』、『幸福の黄色いハンカチ』。これが小倉の好きな映画ベスト3だ。

「大学時代、日大三高のコーチをやってる頃は、『仁義なき戦い』のみでしたね。新宿昭和館ってところで3本立てを観て、その後、グラウンドに戻ってきて広島弁で『われ、コラ!』ってノックしてました。『ロッキー』は、打たれても打たれても立ち上がる姿に、こっちもギラギラしてきた。あとは『幸福の黄色いハンカチ』かな。頼むから(奥さんが待って)いてくれ、ってね。ラストシーンで、ハンカチが家の前に上がってるの見たときは、もう拍手でしたよ。やっぱり映画はハッピーエンドじゃなきゃ。不幸なの、嫌なんです」

ちなみにカラオケで得意なのは、北島三郎と、鳥羽一郎のナンバーだ。

誤解を恐れずに言えば、小倉はこのままの人物である。鉄火肌で、人間臭くて、情にもろい。そして無垢な少年のように素直だ。

日大三高の練習を見ていると、苦しい練習メニューの後、選手同士が声を張り上げハイタッチをするシーンをよく見かける。そうして勢いをつけながら次々とメニューをこなしていくのだ。

「あれもロッキーのイメージ。ロッキーが縄跳び終わったあと、それを丸めて床に叩きつけたりするじゃないですか。そうやって、どんどんテンションを上げていく。あれを真似しているんです。だから、うちには下を向いてる選手は、ほとんどいない。『ロッキー2』の中で、檻の中に鶏を放して、それを追っかけてフットワークを鍛えるシーンがあったじゃないですか。あれも本気でやろうと思ったことがあるんですよ」

甲子園球場で日大三高がシートノックに入るとき、アルプススタンドから『ロッキーのテーマ』が高らかに奏でられるのだが、それも、もちろん小倉のリクエストである。

「自分、ロッキー、本当に好きですもんね」


小倉の生まれ故郷は、千葉県の観光名所、九十九里浜の南端に位置する一宮町《いちのみやまち》だ。農家の三男坊として生まれた小倉に対する父親の教えは一つ、「ケンカに負けるな」だった。

「小さい頃、一度ケンカでやられて、そいつの家にやり返しに行ったことがある。それで『泣かしてきたぞ!』って、ガッツポーズしながら家に帰った。兄弟そろって、短気で、我慢がきかない(笑)」

小倉は、そうして血気盛んな漁師町の空気をいっぱい吸って大きくなった。

思考回路の発達の仕方は、大きく分けて2つのパターンがあると思う。

ひとつは、成長とともに、より細かく、複雑化していくケース。その場合、我々取材者は、そんな心の襞《ひだ》をそっと掻《か》き分け、その人物の核心に迫ろうとする。

もう一つは、一つの回路がとことん太く、頑丈になっていくケース。小倉は、その典型例だ。小倉を取材するときの要諦《ようてい》は、ただ一つだ。言葉の裏を読まないこと——。

小倉は、感じたことに何の加工もせずに、そのままストレートに表現する。

昨年12月の冬合宿に訪れたとき、こんなシーンに遭遇した。小倉は、たまたま傍を通り過ぎようとした主将の金子凌也《りょうや》をつかまえ、こう話しかけた。

「選抜チームの中でも、こいつのバッティングはピカイチですよ。な、自分でもそう思うだろ？」

そのとき小倉は、日米親善野球に出場する東京選抜チームの監督に就任しており、金子はそのチームの主将を務めていたのだ。

金子は困惑していた。

「いやあ……」

「何だよ。他にいいと思うバッターいたか？」

金子は、他校のある選手の名前を出した。金子が本当にそう思っていたかどうかは別にして、その対応はわからないでもない。だが、小倉は実に不満げにこう言うのだ。

「いや、あいつの打ち方は理にかなってない。おまえの方が、ずっといいよ。ほんとだよ」

小倉は、必ずしも「誉めて伸ばす」ことを信条にしているわけではない。その証拠に、容赦ないときはとことん容赦ない。

昨夏、日本一になったときのエース吉永健太朗（早大‐JR東日本）は、その年の5月頃、不調にあえいでいた。そこで、練習試合で吉永が打ち込まれた晩、小倉はミーティングの席で吉永をこう罵倒した。

「この小僧！　他のやつらは遠慮して何も言えねえのかもしれねえが、俺は納得してねえからな。おまえをエースだなんて絶対に認めねえ！」

吉永はよっぽどこたえていたようで、全国制覇を成し遂げた後、取材中に当時の辛かった時期を思い出し、その場で号泣してしまったことがあった。

好きなものは好き。嫌いなものは嫌い。いいものはいい。ダメなものはダメ。小倉の中にあるのは、それだけなのだ。


小倉には、プレイヤーとして人に誇れるような実績は一つもない。日大三高では内野手だったが、肩を故障し、最後は背番号13番をつけたサードコーチャーだった。日本大学に進んだ後は、母校の寮に住み込み、コーチを務めていた。当時の監督に半ば強引に引き受けさせられたのだ。そんな自分も隠さない。

「自分、平気で言いますよ。『おまえらの方がぜんぜんうまいよ。高校でも補欠だったし』って。でも、そうすると周りの人に、さすがだ、よく言える、って誉められる。自分は本当のこと言ってるだけなんですけど。得な性格ですよね」

ただし、単純だとか、純粋だとか、そういう言葉だけで説明し切れないのは、そのひとつの思考回路が鋼《はがね》のように頑強だからだ。打たれれば打たれるほど、強くなるのだ。

理想的なスコア――。そんな話題になったとしよう。１００人監督がいたとしたら、99人まではこう答えるに違いない。

「試合が終わったとき、1点勝っていればいい」

野球とはそういうスポーツだ。サッカーのように得失点差が順位に影響を及ぼすことはない。1勝はどこまでいっても1勝なのだ。だが、小倉は、当たり前のようにこう考えている。

「理想は10対0。そっちの方が楽じゃないですか」

ただし、そんな小倉の思考法は、木製バットの時代しか知らない年配者には理解しがたいようだ。

「OBの集まりなんかあると、年配の方は『三高野球とは、1点差で競り勝つ野球だ』って言うんです。でも、攻撃が1回しかないなら1-0とか、2-1でもいいですけど、せっかく9回できるわけだから。もったいないじゃないですか」

うなずかざるをえない。

「でも、そう言うと、だから守備が甘くなるんだ、って言い返される。いや、だから、守りは0点に抑えるって言ってるじゃないですか。ただ、取れるもんなら10点でも20点でも欲しい、って反論するんだけど、相手は『わからん……』って頭抱えちゃうんですよ」

これが、たとえば甲子園に出たことのないようなチームの監督の言葉ならまだわかる。だが、小倉は関東一高時代から通じて、通算で16回甲子園に出場し、優勝2回、準優勝2回という実績を持つ監督である。

しかも、1981年、大学卒業と同時に関東一高の監督に就任してから、一貫して「10-

0」野球を理想に掲げてきたのだ。いいときも、悪いときも。

日大三高は01年に、チーム打率・427（当時、歴代最高打率）という圧倒的な打力で夏の甲子園を初制覇。「三高時代」の到来を予感させた。ところが、その後は、優勝候補と呼ばれる大型チームを何度もつくりながら、なかなか勝ち切れなかった。

ケチのつき始めは、04年夏だった。3回戦で、南北海道代表の駒大苫小牧に6－7でまさかの敗退。ノーマークだった駒大苫小牧はこの一戦ですっかり自信をつけ、そのまま一気に頂点へ駆け上がった。

極めつきは、06年夏の西東京大会の決勝戦だ。斎藤佑樹（日本ハム）を擁する早稲田実業に延長11回、4－5でサヨナラ負け。早実も、宿敵を倒した余勢をかって全国制覇を成し遂げ、「ハンカチ王子フィーバー」を巻き起こした。

その頃の小倉の落ち込みようは尋常ではなかった。

「人間のいちばん汚いところなんでしょうけど、内心では、早実なんてさっさと負けちゃえばいいのにって思ってました。甲子園なんて、なくなっちゃえばいいのに、って。新聞に早実って見出しを見かけただけで、もう悔しくて……」

つまり、日大三高は2度までも恰好の「踏み台」にされてしまったのだ。斎藤も当時は何度となく「三高の存在があったから、ここまでこれた」と語っていたものだ。

早実に敗れた前後、05年夏から09年夏まで、日大三高は丸4年も甲子園から遠ざかった。

「早実に負けちゃったから、行けなくなっちゃったのかな、と。変な思いはありましたね。いいチームに仕上がっても、夏になると、打てない……。いい子をつくり過ぎるから、ここ一番で勝てないんだとかもよく言われました」

日大三高と早実のカラーは好対照である。古風で実直な日大三高と、現代的でクレバーな雰囲気を漂わせる早実。そのため、つい最近まで、小倉の中には斎藤に対する「偏見」があった。

2年前、小倉が早大を訪れたときのことだ。斎藤は、大学4年生だった。

「ネット裏で練習を見ていたので、斎藤君も絶対気づいてるはずだった。でも、自分もちっちゃい男なんですけど、『会釈もねえのか』って。ただ、練習の後、寮で斎藤君にまた会って、そのときは『先ほどはあいさつもできずすいませんでした』って言ってきてくれたんです。そうしたら、この野郎に負けたんだって思いも一瞬にして吹き飛んで。いいヤツなんだな、と。それからは自分も『彼だったら、プロでも勝てるよ』なんて言いだして（笑）。あそこで斎藤君を認めてから、運が向いてきたのかな」

勝てない時期、日大三高は、関係者の間で勝負弱さを指摘されることがたびたびあった。そこには少なからず、「10－0」理想論が影響していたように思う。

変節するのでは——。

あの小倉が、やっぱり最後1点勝ってればいいんだ、と言いだすのではないかと思った。

だが、小倉はそんなひ弱な男ではなかった。

昨夏、今度は、1試合平均10点以上、6試合で総得点61点という小倉イズムを体現したかのような強力打線を育て上げ、2度目の深紅の大優勝旗を手にした。

圧巻だったのは、光星学院（青森、現・八戸学院光星）との決勝戦のスコアだ。

11－0。

もっとも大きな舞台で、理想を1点分、上回る野球をやってのけた。小倉は、父の教え通り、「ケンカ」に負けなかったのだ。

小倉は、こんな持論をよくぶつ。

「野球なんて難しく考える必要ないんじゃないですか。やけに難しく言う人いるでしょう。奥深いんだ、とか。野球は、難しく考えるから、難しくなる」

甲子園で相手投手の対策を尋ねると、多少はカモフラージュの意味合いもあるのだろうが、だいたい次のように答える。

「ストライクゾーンに入ってきたボールを打てと言いました。ベースの上を通過するボールなんだから、当たるよ、って」

小倉にそう言われたら、そんな気がしてきてしまうから不思議だ。

もう一つ、こんな話もよくする。小倉は、その人柄ゆえ高校球界では「人格者」で通っているが、きれい事や軽薄な謙遜の類いは絶対に言わない。

「高校野球は人間形成なんだっていう言い方は嫌い。違うだろ、甲子園のためだろ、って。今後の人生のために……みたいな言い方は、監督が逃げているだけだと思う。社会に出たら、もっと辛いこと、いっぱいありますもんね。逆に、こんな純なままじゃ通用しないんじゃないですか」

星稜高校の名誉監督、山下智茂《ともしげ》も先日、こう感嘆していた。昨年11月、山下が塾長を務める若い指導者を対象にした甲子園塾（高野連主催）の講師として、小倉を呼んだ際の話だ。

「あの人は『優勝は当然です』って言うんだよ。『これだけの設備があって、これだけの選手がいたら』って。普通は言わないよ。いやうちのグラウンドは、いやいやうちの選手は、って卑下するもんでしょう」

10年以上前、初めて日大三高を訪れたときもそうだった。学校に隣接する立派な専用球場と、そのネット裏にある室内練習場を完備したモダンなつくりの寮。小倉は、それらの充実した施設を案内しながら「うちの環境は日本一でしょう」と誇らしげに語るのだ。

高校野球の世界には、施設や選手は自慢すべきではないという変な美意識がある。つまり「清貧」であるべきだ、と。だから、これだけ堂々と「自慢」をする小倉を見て、実に清々《すがすが》しい思いがしたのだ。

しかし、すべての行動が直線的なわけではない。

小倉の教え子たちは、恩師の心意気に打たれるのだろう、決まって「勝って監督を胴上げしたい」と話す。昨夏、それについて尋ねたとき、小倉はこう言った。

「まあ、うちのチームカラーだからね」

そうした空気は、最初は自然発生的なものだった。しかし、半分は照れ隠しだったのかもしれないが、今ではそれを利用しようとする小倉も確かにいる。

また、日大三高では毎年、年末に2週間の強化合宿を行う。その間、選手は毎朝5時に起床し、夜10時まで練習漬けになる。そんな地獄の合宿を、小倉はさまざまな方法で盛り上げる。練習中に選手の好きな音楽をかけたり、最終日の前日にラーメンの出前を取ったり、カラオケ大会を開いたり。小倉は話す。

「高校野球の監督は、演出家でもありますからね。大変ですよ」

真っ直ぐなだけではない。太い思考回路の脇に、バイパスのように緩やかなカーブを描いた細い管も通っている。それは、年齢とともに備わった一種の「狡《ずる》さ」と言っていい。でも、だからこそ勝てるのだ。

聖書にもある。〈蛇《へび》のように賢く、鳩のように素直に〉と。素直なだけで勝てるほど、高校野球の世界は甘くはない。

ただ、こんな一面はやはり「素」である。

今年の8月に韓国で開催される世界選手権で、小倉は全日本チームの監督を務めることになった。その選考に携わった山下が、こう理由を語っていた。

「甲子園塾で高校生にバッティング指導をしているとき、1時間で3枚もアンダーシャツを替えてたんだよ。自らトスを上げたりして。若い監督には、技術よりも、そういうところを見習って欲しいんだよね」

実話だろう。小倉のことを知る者なら、一生懸命になるあまり、1時間で4枚替えたと言われても信じるに違いない。

小倉は、ともかく、じっとしていられない質《たち》なのだ。トレーニング中も、飛び入りで参加し、選手と一緒に走ったり、跳ねたりしている。だから、今でも学生時代とほとんど変わらない身長173センチ、体重71キロという体形を維持している。

「72キロになるとちょっとおかしくなる。73キロになると、もうイヤですね」

小倉は、日大三高の監督に就いてからというもの一貫して、寮の一室で選手と共同生活を送っている。

「結婚して、女房と一緒に暮らしたのは、半年ぐらいじゃないですか」

風呂も、食事も、常に一緒だ。それだけ小倉と密着しているからだろう、日大三高の選手たちは、小倉にそっくりだ。つらい練習を乗り越えて泣き、乗り越えられずに泣き。試合に勝って泣き、負けて泣き。

小倉は、いかにも不思議そうに話す。

「ここにいると、みんな素直になっちゃうんですかね」

それだけではない。彼らも、きっと「ケンカ」には負けない。

春の借り。それは、小倉と、小さな小倉たちが、この夏に倍にして返す。

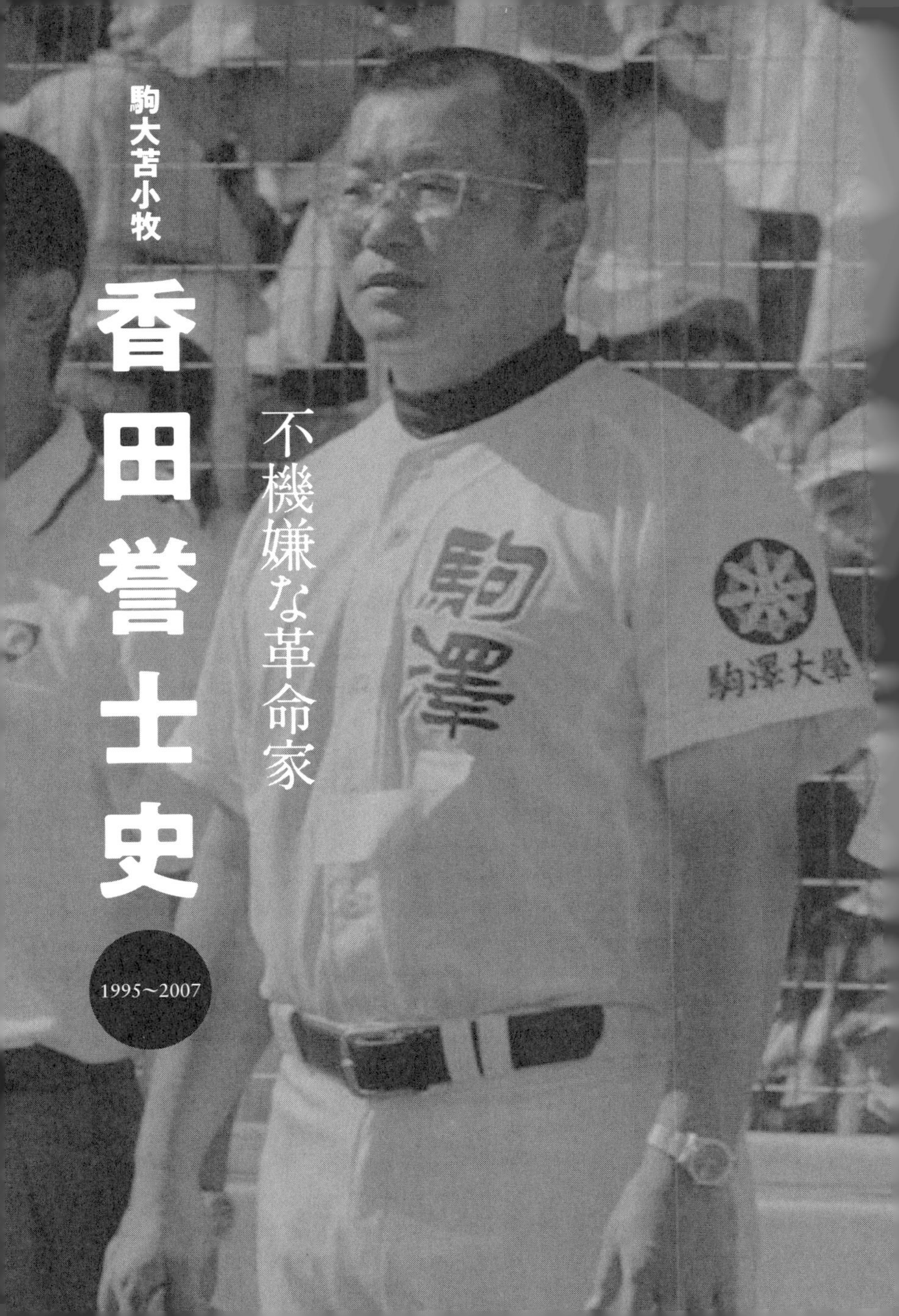

駒大苫小牧

香田誉士史

不機嫌な革命家

1995〜2007

邂逅　香田誉士史と我喜屋優

Number　2008年2月7日

「NO」という選択肢は、そもそも用意されていなかった。佐賀県出身の香田誉士史《こうだよしふみ》が、縁もゆかりもない北海道にやってきたのは駒澤大の「5年生」のときだった。4年間で社会科の教員免許は取得したものの、いつか母校である佐賀商の監督になることを夢見ていた香田は、さらに商業科の免許を取るために、野球部のコーチをしながら、もう2年、大学に残ることにした。

だが、延長時間の1年目の秋、当時、駒大の監督だった太田誠に呼び出され、附属高校のある苫小牧行きを命ぜられてしまう。

「『おまえ、これからどうするつもりなんだ？』とか聞かれて。佐賀に戻りたいって話していたはずなんだけどなあ。最初は、『先輩が監督をやっているから。2年間、手伝いにいってこい』みたいな感じで言われた。僕からしたら、太田監督は神様みたいな存在。反射的に、はい、って言っちゃった」

だが、実際に駒大苫小牧へ行くと、話はもっと先まで進んでいた。

「前監督はすでに退いていて、『いやあ〜、いい監督さんにきてもらって』って」

23歳ながら、香田の実績は申し分なかった。佐賀商時代は3度甲子園に出場。駒大では、2度の全国制覇に貢献。駒大苫小牧にやってくる数ヵ月前には、夏の大会中だけ佐賀商の臨時コーチを務め、全国制覇も経験した。

だが、30年近く甲子園に見放されていた駒大苫小牧は、とてもではないが甲子園を目指せるようなチームではなかった。初めてグラウンドを訪れたとき、香田は愕然とした。

「野球部員なのに、ジャージを着ていて、髪の毛もわさわさしてるの。ピアスはしてないけど、ピアスの穴は空いてるし。髪、伸ばしてるんだって聞いたら、『オフは伸ばします』って」

その雰囲気だけで、状況はだいたい察しがついた。北海道の空の玄関、新千歳空港から車で約30分と交通の便はいいが、観光客が訪れることはほとんどない、最盛期を過ぎた「紙の街」。そこで香田の格闘の日々が始まった。

「毎日がケンカみたいだった。グラウンドは自転車で通るなとか、練習以前の問題。だから学校へ行くのが嫌でね。休日も一人でカレイ釣りに行くぐらいしかない。相談する人もいないから、親とか友だちにけっこう電話をかけた。ダメだ、こんなとこ、って。中学生の勧誘に行っても、はっきり断られるんだから」

その頃、香田と頻繁に連絡を取っていた大学時代の同級生は、こんな話をしていた。

「電話でよく泣いてましたよ。水道管が凍ってて、トイレの水が流れないんだよ、とかね」

ただ、当初、北海道行きを反対していた母親には、逆に叱られてしまう。

「『結果も出さんと帰りたいなんて、ふざけたこと言うんじゃなかと！』って。佐賀だから、がばいばあちゃん的なところ、あんだよ」

その通りだと思った。このまま終わるわけにはいかない――。そんな香田の執念が実ったのは4年目のことだった。１９９８年春、室蘭支部予選を突破し、27年ぶりに全道大会に進出。奇しくも香田が27歳のときのことだった。

この頃になると、道内ではコンスタントに上位に進出するようになり、香田も、いよいよ甲子園に照準を合わせ始める。そんなタイミングだった。香田は、それまで当たり前だと思っていた既成の枠をぶち壊してくれる人物に出会った。それが我喜屋《がきや》優《まさる》だった。

最初に会ったのは98年秋、苫小牧近郊にある我喜屋の馴染みの寿司屋だった。我喜屋をよく知る父兄の一人が「絶対勉強になるから」と一席設けてくれたのだ。我喜屋は、大昭和製紙北海道（現・日本製紙）という社会人チームで、長年、選手や指導者として活躍してきた。当時は第一線を退き、時折、少年野球教室の講師などを務めていた。香田が回想する。

「いきなり厳しい言われ方だった。その頃の感覚だと、外で野球ができるのは4月から9月か10月まで。半年間は室内にこもっていた。だから、冬の練習方法を聞くときも、どうしても、室内なんで……って言っちゃうじゃない。そうしたら、『室内でできないことは何ひとつない』って。『外でやりたいなら、雪どければいいべや』って、あっさり。『だから北海道はダメなんだ』って、全否定された感じ。カルチャーショックだったよね」

北海道の野球に早く慣れなさい――。北海道に来たばかりの頃、香田は、何人もの野球関係者にそう諭《さと》された。それを鵜呑みにするのは抵抗があったが、いつの間にか香田も雪国の常識にからめとられていた。

寿司屋で会った数日後、我喜屋は駒大苫小牧の練習を見に来てくれたが、そのときも容赦なかった。何から何までダメ出し。繰り返し吐かれた言葉は「実戦を意識しろ」だった。ネットに向かって打つな、その向こうにフェンスを思い描いてスイングしろ。ネットに向かって投げるな、その向こうの一塁手をイメージして投げろ。スローイングというのは、アウトを取るためだけにあるもんなんだ。我喜屋の目には、まるで室内練習場の天井も、壁も、ネットも映っていないようだった。

我喜屋の出現が香田の利かん気を刺激した。

「はじめの頃は、選手の強化というよりは『対我喜屋』。この人をいかに納得させられるか、そればっか考えてた。そうしたら、どんどんエスカレートしていってね」

雪上練習も、最初は、天気のいい日に、長靴を履いて外野ノックをする程度だった。ただ、ダイレクトで捕り損ねるとボールが雪の中に埋まってしまうため、トンボなどで圧雪してから行うようになった。さらに、長靴だと動きが鈍るので、ひと冬で履きつぶすのを覚悟でスパイクを履くようになった。

すると、間接的にだが、「寒いからケガをする」という批判的な声も伝わってきた。

「でも、俺も、やると決めたら頑固な方だからね。やっぱ無理だってなったら、我喜屋さんに『だからダメなんだ』ってまた言われるだけ。確かに、下が氷だから手をついたときにジャリッと切れたり、足を滑らせて股関節を痛めることはあった。ただ、一応特に寒い日は軍手をつけさせたけど、それ以外は普通の恰好でも寒さで肩ひじを痛めるということはなかった。むしろ、雪の上はバランスよく動かないと滑るから、ケガに強くなったと思うよ」

そんな香田の情熱に、我喜屋のダメ出しは次第に減り、同時に父母会や後援会などの組織も引きずり込まれていく。

「ブルドーザーを安く譲り受けてきてくれたんです。大きなバケットをつけて、俺らが運転してガガガガガって雪をならした。それで最後はトンボで微調整して」

そうして仕上がった白いグラウンドは、雪上というよりは、氷上に近かった。スライディングをすると、7~8メートルも一気に滑っていくほどだった。

こうなると、内野ノックや打撃練習はもちろんのこと、最終的には、滑らないようマウンド上だけ絨毯を敷いて紅白戦までやるようになった。内野ゴロなどは、氷上をものすごい勢いで滑ってくる。それを足を踏ん張って捕球しなければいけないわけだから、選手の集中力はいやが上にも高まった。

「結局、雪の上で、できないことは何もなかった。地面が白いか黒いかの違いだけ。マイナス十何度ってときに、田中（将大＝ヤンキース）も、普通に全力投球してたから。選手には俺が我喜屋さんに言われたように言ってたからね。『ふざけんな、できるよ』って。それとこれも新たな発見だったんだけど、こうしてしっかり実戦に備え準備をしていると、春、土が出たときの喜びが違うのよ。やったー！　って」

室内でも、走塁練習の際、ただ漠然と走るのではなく、実際よりも距離が短いぶんスタートの部分だけに絞るなどして、より試合に近い形で練習するようになった。この頃になると、さすがの我喜屋も「いいんじゃない」と頰を緩めるようになっていた。香田の心意気に感じ入った我喜屋は、香田から会社のグラウンドを使わせて欲しいという申し出があった時などは誰よりも早くグラウンドに出て、水をまき、土をならした。また、再三にわたって地元である沖縄遠征の仲介役も買って出た。

香田は感慨深い面持ちで語る。

「『無理だ』という言葉を捨てたら、あれもできる、これもできるって」

オセロのように、ポイントになる「常識」を一つ引っ繰り返したら、そのあとは、おもしろいように裏返っていく。我喜屋に触発された香田は、「頭がおかしくなっていたかも」というほどの練習を課すようになっていた。そして、全国制覇を成し遂げる1年前、春夏連続で甲子園に出た2003年のチームあたりから確かな手応えを感じ始めていた。

「春、甲子園入りする前に、岡山の社会人チームのグラウンドで練習させてもらったら、

『振れるねえ』とか、『動きがいいなあ』ってすごい誉められて。自分では気づかなかったけど、相当力がついてきたんだなと」

だが、結局、このチームも、春も夏も初戦で敗退。特に夏は、8－0とリードしていたにもかかわらず、途中で雨天中止となり、翌日の再試合で敗れた。香田自身、通算3度目の甲子園だったが、またしても1勝すらできなかった。ここから、さらに拍車がかかる。

「悔しさがいっぱい重なって、もう、ぐわーって、わけわかんないぐらいになっちゃった。『もう一度、甲子園に戻らないと気が済まない！』って。それがまた原動力になった」

その溜め込んでいた思いが、04年夏、甲子園初勝利を挙げたことで一気に弾けた。

「初戦を突破したら、選手も僕も、ものすごい解き放たれて。次の相手の日大三高はさすがに無理かなと思ったんですけど、そこにも勝っちゃって。そこからは不思議と、どこが来ても負ける気がぜんぜんしなくなった」

あのとき、北海道の高校が日本一になることを本気で想像できた人間はいったい何人いたことだろう。この2人以外に。香田は言う。

「俺がやってやるという思いはずっとあった。だから、密かに、本当に思い描いていた通りになっちゃったよ……というのはあった」

我喜屋も、香田や周囲の人間に「駒大苫小牧はそろそろ優勝するよ」と予言していた。

「月を見て、ウサギが住んでるんだって納得しちゃう人はそこまで。行ってみようという人がいたから、行けるようになった。野球も同じ。できるって思うことから始まる」

そもそも我喜屋も「できる」の塊のような人物だった。沖縄出身の我喜屋は、興南高校時代、68年夏に主将として県勢初の全国4強入りを達成する。その後、大昭和製紙富士に進み、社会人4年目には兄弟チームの大昭和製紙北海道に移籍。そう言うと聞こえはいいが事実上の「放出」だった。

「本音は、いらないから向こう行け、だもん。当然、見返してやるからなって思ったさ」

そして、その3年後の74年、大昭和製紙北海道は、社会人の最高峰の舞台である都市対抗野球大会で道勢初の王座をつかむ。駒大苫小牧よりも、日本ハムよりも、遥か昔に、北海道の野球は日本一になっていたのだ。現在はなくなってしまったが、「北の暴れん坊」の異名を持つ大昭和製紙北海道は、社会人野球史において今なお燦然と輝く一等星だ。

「同じ人間なんだから、高校生にだってできるとずっと思っていた。でも、北海道勢は、負けて、同情されて帰ってくるばっかり。その繰り返し。半年間、野球ができないから仕方ないと、全員が同じことを言っていた」

無論、18歳のときまで沖縄で暮らしていた我喜屋にとっても、香田同様、極寒の地での暮らしは衝撃的だった。

「でも、冬を制覇しないと北海道では勝てない。逆境を順境に変える努力をするのが監督の仕事。そのためにはヘソ曲げないと。真っ当な人間でいようと思うから何も変えられない」

我喜屋は社会人野球の指導者になってからも、北海道野球界の常識を次々と覆した。それまで危ないからと禁止されていたスキーも積極的に練習に取り入れた。また、肩が冷えるからという理由で敬遠されていた水泳も導入する。

「スキーをやるとケガするから、って。でも車の方がはるかに事故にあう確率は高いんだから。自動車は許可して、スキーがダメというのはおかしいでしょう。水泳だって、あんなにいいトレーニングはない」

我喜屋は、自分の経験を何人もの北海道の指導者に伝えた。だが、それを本気で実践し、さらに工夫したのは香田だけだった。

「香田は1つ聞いて、それを7つ、8つにする力があったからね。やっぱり、道外の人間じゃないとダメ。道内の人間は自分たちの野球を疑わないもん。改革するのは常に第三者。北海道の指導者は甲子園に出るための野球しかしてこなかった。そういう人に甲子園で勝ち抜くためのチーム作りを話しても、通じない」

我喜屋は、2007年4月、日本製紙を辞め、北海道から沖縄に戻り、興南の監督になった。そして、就任からわずか3ヵ月半で、母校を24年ぶりの甲子園に導いた。甲子園では2回戦で敗れたものの、復活のための十分過ぎるほどの足がかりを作った。

沖縄の梅雨は長い。そのため、夏の大会は、その約1ヵ月をいかに乗り切るかが勝負となる。そこで我喜屋はまた常識を一つ引っ繰り返した。雨の日は、長靴を履いて外で練習をすることにしたのだ。

「雪の上でできて、泥の中でできないわけがない。現役の頃はやってなかったけどね。南も北も経験した今の俺に怖いものはないよ。今、スポーツメーカーに雪と泥用のスパイクを開発しろ、って言ってるの。絶対、流行《はや》るよ」

昨夏限りで駒大苫小牧の監督を退いた香田は、現在、充電期間中だ。

「とにかくエネルギーを蓄えて、時機がきたら、またそれを爆発させたいと思ってる」

南から渡ってきた2人の男が、北で交わり、大輪の花を咲かせた。そして今度は、南北に別れ、その花から落ちた種をそれぞれの大地に蒔くことから再び始めようとしている。

対談　連覇の夏に起きていたこと
香田誉士史×林裕也

高校野球21世紀伝説
2011年8月2日

まだ駒大苫小牧の監督だった香田誉士史があるとき、05年夏の甲子園の映像を見ながらつぶやいたことがある。「裕也、もういないんだよなあ……」。駒大苫小牧2年時からレギュラーに定着し、04年、05年の夏連覇に貢献した林裕也（駒大－東芝）。甲子園でめっぽう強く、両大会とも打率・556をマークし、3年時は主将も務めるなど香田からの信頼も絶大で、「ミスター駒大苫小牧」と呼ぶべき存在だ。そんな2人が、今から9年前の互いの第一印象から振り返った。

香田　裕也に対しては、もうチームに入ったときからビビッときてたんだよ。こいつなら将来、リーダーになってくれるだろうと。ただ、裕也がキャプテンになったのは1回目の優勝の後だから、俺は必要以上に厳しく当たった。それなのに裕也は、ほかの選手の前では監督思いの発言をしてくれて本当にやりやすかったね。初優勝の年（04年）も試合に出ていたし、05年はキャプテンとして1年間、チームを引っ張ってくれた。なんか、ずーっとチームにいてくれるような気になっていたんだよな。

林　僕は、香田監督に最初に会ったときから「ほかの監督さんとは違うな」という印象がありました。惹かれましたね。（互いの距離感が）遠いんだけど、近いというか。監督としての存在感と兄貴分のような親しみやすさ、その両方を併せ持つ指導者ってそういないと思うんです。ただ、甲子園で最初に優勝した後、ファンの人が学校に大勢来たじゃないですか。そのとき監督に「サインしたり写真撮られたり、チャラチャラしてんじゃねえぞ」って怒られましたよね。そういうことはやめようぜって自分たちでも注意していたことだったのに、それでも怒られて……。

香田　俺も大学時代（駒大）は当時の太田（誠）監督に、何にもしていないのによく怒られたんだよ。裕也の話を聞いて思い出した。

林　今だから言いますが、取材の人にはグラウンドに来てほしくなかったですね。監督の機嫌が悪くなるので。

香田　取り上げてもらうのはありがたいけど、もうちょっとまとまって取材に来いよって、しょっちゅう記者と言い合いしていたからな。毎日、違う社が取材に来て、俺たちはいつ練習すればいいんだよって思っていたから。記者の人たちにとっては記事を書くのが仕事かもしれないけど、俺は駒大苫小牧というチームを守るのが仕事なわけだから。

林　04年の優勝の直後から、監督は「勘違いするな」とずっと言っていましたよね。僕らも、勘違いしてプラスになることはないと思っていたので、それはなかったと思います。

香田　優勝した翌年は、さらに（練習の厳しさに）拍車をかけたからな。

林　僕たちはいつも、「先輩たちを超える」と言っていました。でも、先輩たちは日本一になっているわけですから、結果でいえばそれ以上のものはない。そういう意味で、目標設定が難しかったですね。途中、僕もチームを引っ張り切れていないと感じることがあって、目標を下げましたから。「来年の夏、みんなで甲子園に優勝旗を返しにいければいいかな」って。

林の学年は、全国制覇の余韻も冷めやらぬ中、04年秋に全道大会で優勝。翌春のセンバツへの出場を確実にする。だが、そのセンバツでは初戦こそ突破したが、2回戦で神戸国際大附（兵庫）の左腕・大西正樹（元ソフトバンク）にわずか1安打に抑えられ、0－4でシャットアウト負けを食らう。さらに続く春の全道大会は、初戦で白樺学園に敗退。「夏は全員で甲子園へ優勝旗を返しに行く」という目標に、にわかに暗雲がたちこめた。

香田　正直言ってしまうと、俺はセンバツの戦い方だけは全然わからなかった。3月といっても北海道はまだまだ冬なのに、いきなり「練習試合解禁ですよ」「選抜大会ですよ」って感じだから。ここは追い込んだほうがいいのかな、緩めたほうがいいのかな、と考えているうちに終わっちゃう感じだった。裕也のとき（05年春）もそうだった。センバツの前、京都外大西と練習試合をしたら、1番手だった松橋（拓也）が木っ端みじんにやられて。ミーティングで1年生に「松橋さんから背番号を剝奪《はくだつ》したほうがいいと思います」と言われて（笑）。

林　それぐらいのミーティングは、いつもやっていましたからね。

香田　松橋も「はい……」みたいな返事で。それで初戦は、あのとき一番調子がよかった（田中）将大が先発して勝ったんだけど、神戸国際大附のときは松橋、吉岡（俊輔）の上級生コンビが打たれた。2戦目も将大の先発でもよかったんだけど、俺の中では「おまえら先輩の意地見せろよ」というのがあったから。春なのに、もう夏に向けてのことばかり考えていた。

林　僕も、センバツは「通過点」みたいな感じでした。でも、大西は打ちにくかったですね。3三振ですから。当たる気がしなかった。

香田　しかも半分、笑いながら投げてくる感じで、そこが腹立たしかった（笑）。でも、そういう思いをして甲子園で負けて、夏に向けていい反省材料ができたぞ、という感覚だった。

林　センバツから帰った翌日の練習は、すごい雨が降っていたんですが、「監督はきっと何かやってくるだろう」と思っていたんです。そうしたら案の定でした。4時間ぐらい、雑草を抜いたり打撃ネットの補修をしましたよね。

香田　そういうのはしょっちゅうだった。雨でもなんでも「うるせえ！　やれ!!」と。特に負けて帰ってきたときなんかは、ここぞとばかりに。

林　何を言われても「それは無理です」とは絶対に言えない監督ということは、僕らもわかっていましたから（笑）。だって、雪の上でも練習するんですからね。チームに入って最初の冬、吹雪いている日にいきなり外に集合させられたときは驚きましたよ。立派な室内練習場があるのに、なんで外に集合しなきゃいけないのって。

香田　俺は、北海道のそういうところから変えていかなきゃと思っていたからな。北海道の人って冬を言い訳にするじゃない？「北海道は半年冬だから」って。だったら俺は外でやってやろうじゃないのって。そうやって逃げ道を全部ふさいでいかないと、勝利に対する執着心が出てこないと思ったから。

林　確かに、キツいことを命じられるんですが、監督に何かを言われて「やりたくない」と思ったことはありませんでしたよ。言葉の裏にある愛情は感じていましたから。

香田　取材が多くて何が困るかといったら、選手と一緒にいられなくなること。俺は最終的に、「駒大苫小牧を選んでよかった」と選手に思ってほしかったからね。それだけはいつも考えていた。選手を怒ったあと、家に帰って「あんな言い方しちゃったけどよかったのかな……」とか、人には見せられないけど、しょっちゅう葛藤していたんだよ。でも、グラウンドでは毅然とした態度で接しないといけない。春の全道の初戦で白樺学園に負けて、そのすぐあとの練習試合でまた白樺に負けた。俺、かなりキレたからね。もうボロクソ言った。

林　あの日、学校に帰ってきてから初めて3年生だけでミーティングしたんですよ。それで次の日から朝練を始めたんです。みんな朝からダイビングするわ、スライディングするわ、それでシャワーも浴びずに授業を受けていた。そこからチーム状態がだんだん上がっていったんです。監督も、春に落としたぶん、そこから盛り上げていってくれましたし。

香田　半分は意図的だから。春はどこで落とせるかなって、ずっと探していたんだよ。

そうして迎えた05年夏。駒大苫小牧はまずは南北海道大会を制し、3年連続で夏の甲子園出場を決める。ただ、前年覇者とはいえ、甲子園での下馬評は決して高くなかった。さすがに、北海道勢が2年連続で優勝することなどありえないだろうという空気が漂っていたのだ。ところが――。

香田　（05年夏は）南北海道大会を勝ち抜いたときが、一番喜びが大きかったな。普通の涙の出方じゃなかった。俺はあの試合で重しがストーンと落ちた。

林　僕もだいぶ楽になりましたね。正直、甲子園に出られるのかなっていうのがずっとありましたから。

香田　だから甲子園は、「おまえたちの好きなようにやれ」って感じだったんだけど、実際に大会に行ったら行ったで、また1年前と同じような空気が漂ってきた。組み合わせ抽選では04年と同じ大会6日目で2回戦からの登場だったし。あとはおまえらの後ろ姿とか、飯食っている姿を見ていても、いろいろイメージがかぶってきた。なんか、〝いい勘違い〟してるんじゃねえの、と。

林　それはありましたよね。僕も「甲子園に出られるんだからそれでいいや」と思っていたんですけど、実際に甲子園に来たら1年前と同じような気持ちになっていった。準々決勝の鳴門工（徳島）戦の逆転劇で、完全にスイッチが入りました。

香田　あの試合、7回表が終わって1‐6で5点も負けていたんだから。それが、その裏に一挙6点。あの回、相手ベンチはどうして一度もタイムを取らなかったんだろう。おかげでウチのペースで一気にいけた。

林　そういういい流れもあって結果的に夏連覇しましたけど、今考えても、1つ上の代と比べても下の代と比べても、僕らの代が一番弱かったですよね。

香田　いや、俺は裕也の代が一番強いと思っていた。要は、何をもって「強い」というかだろ？　いい選手が集まっていれば強いというものでもない。打つことだって「打線」にならなきゃいけないし、守備だって見えない「糸」で結ばれていないとほころびだらけになる。そういう意味では、裕也たちの学年は、人間同士のつながりは一番あったように思うよ。

林　準決勝で戦った大阪桐蔭は優勝候補でしたが、あの試合は、もう負ける気は全然しなかったですね。

香田　5－5の同点に追いつかれても、9回裏、ウチが守備についているときに、もう勝つイメージはできていた。10回表、先頭の裕也が絶対にヒットで出てくれる。それを送れば決着はつけられる、と。そうしたら本当に辻内（崇伸・元巨人）から二塁打を打った。ほーら裕也が出たよって、不思議な感じだったな。

林　あの二塁打は完璧でしたね。真っすぐを待っていたのに、体が勝手にフォークに反応した。同じ打ち方をしろと言われても二度とできないと思いますね。甲子園に行くと、われながら普通では考えられないようなバッティングができるんです。鳴門工戦も7回裏1死二、三塁で回ってきたとき、めっちゃ気合が入っていたんですが、その気持ちのままに打ったらレフトオーバーの二塁打ですから。

香田　緩いボールをぐっとためて、すくったやつだったな。

林　7回裏に入るとき、円陣で監督が「もう打っていくしかねーぞ！」と言っていたのに、僕の前で9番の将大に送らせたんですよ。それで気合が入りました。「絶対オレが打つしかねえ！」って。

香田　甲子園の采配って完全に思いつき、感性のままなんだ。打っていこうと思っていても、送れば裕也がかえしてくれるっていうのが見えたから送らせた。そうすると本当に打ってくれるんだもん。やることなすこと、うまくいった。

林　決勝の京都外大西戦は、負けるイメージは一切なかったですね。僕が7回にエラーしたとき、マウンドの上で将大はぶち切れていましたが（笑）。

香田　俺も、決勝では負ける要素は一切ないと思っていた。カウント3ボール2ストライクで1点差に詰め寄られてなおノーアウト二塁だからピンチなんだけど、全然大したことないって思えた。

林　実際、優勝が決まったときも、こんな言い方は生意気ですが、感動はあんまりなかったですね。慣れてしまったというか。南北海道大会で優勝したときはあんなに泣いたのに、甲子園では涙も出ませんでしたから。

香田　俺も涙は出なかった。でも、甲子園に最大日数いられたという喜びはあったな。だから、04年と同じように、決勝は勝っても負けてもいいって気持ちになっているんだけど、不思議なほど負ける気もしないんだよね。

林　あの感覚はなんなんでしょうね？　夏はどういうわけか勝つ雰囲気になってくるんですよね。

香田　でも俺は、優勝インタビューを受けている時点で、もう来年のことを考えていた。新チームはどうしよう、どうしようって。そうしたら2日後、不祥事（部長の生徒への暴行が発覚）で「優勝取り消しか？」と報じられて。

林　2度目の優勝は、祝勝会も全部なくなりましたからね。でも、十分でした。あれだけの経験ができたわけですから。

香田　これからのことだけど、俺、裕也には絶対にプロ野球に行ってほしい。裕也のように高校、大学、社会人と、アマチュアのすべてのカテゴリーで苦労を経験した人間が行けば、プロ野球を変えてくれるんじゃないかと思うから。もちろん、仮にプロに入らなくても、〝アマチュアのプロ〟として何かやってくれるとは思っているけど。

林　僕は、香田監督には思う存分、野球をやってほしいという希望があります。そして、それができる場所は、やっぱり高校野球しかないと思いますね。

香田　……やっぱりグサリと来るな、裕也に言われると。今日はありがとう。

林　いえ、こちらこそありがとうございました。

日本一の代償

甲子園ヒーローズ
2006年9月5日

遠距離恋愛の難しさ、飛行場で売っているアスパラガスの値段の高さ、ヒグマは今まで一度も見かけたことはないということ、等々。

それが、日本一になる1年前、香田を初めて取材したときに新千歳空港まで送ってもらった際に車中で交わした会話の主な内容だった。

そんなたわいもない話題でさえ手を抜かずに話す人。それが香田の第一印象だった。

香田の中にあるそんな柔らかく温かな部分が見えにくくなったのは一昨年（2004年）夏、初めて日本一になってからのことだ。

優勝直後、9月の末。その後の北海道民の異様な熱狂ぶりを見聞きしていただけに、さぞかし取材を申し込むのも大変だろうと思いながらも電話をかけてみた。

「……はい」

極度にテンションの低い第一声が香田のその当時の状況を物語っていた。以前にも世話になったことがあるのだと伝えても、「はあ」と手応えのある反応が返ってこない。想像以上に疲弊しているようだった。

取材にいくなり、「帰ってきてからまともに練習を見られたのは2日しかないんです……」と窮状を訴えられた。大会が終わってからすでに1ヵ月以上も経過しているというのに。取材やら、あいさつやら何やらで、香田はパンク寸前だった。

だが、その約2ヵ月後、再び取材を願い出ると香田の対応の仕方は一変していた。電話で恐る恐るその旨を伝えると、「注目していただけることは大変ありがたい」と言うのだ。つくられた感じの声の抑揚からそれが「本音」でないことは明らかだったが、だからこそそこには香田の迷いが透けて見えていた。これからメディアに対してどのように接していくのがベストなのかという。

昨年5月にも香田を訪ねた。ときおりぼんやりとした表情を浮かべる姿は「パンク後」のようにさえ映った。このときは最初、「過去のことはもう語りたくない」と言われたのだが、半ば強引に押しかけてしまっていた。

部員の急増。落ち着くどころかますます過熱する周囲の環境。

香田は苛立っていた。

「優勝なんてしなければよかったって思ったときもありますよ。気遣いすることばっかり増えて。あれ以来、疲れがとれなくなっちゃったんです。夜9時とかに寝ても疲れがとれないし。このままでは体がもたない……。食事の席で『大監督っ！』なんて言われたりね。勘弁してくれよって。なんか野球がつまんなくなってしまったなぁ……というのはありますよ」

何人もの優勝監督に会ったことがある。でも優勝監督のイスにこんなにも居心地悪そうに座っている人を見たのは初めてだった。

1971年4月11日、佐賀市内で生まれた香田は小学2年生のときに野球と出合った。庭には父・明宏が作ってくれた打撃練習用のヒモでぶら下げられたボールとネットがあるなど典型的な野球少年だった。だが、中2のときにそんな父が病気で急逝。「道を外れそうになった」ことがある。

「そのころは母親に殴られたりして……。でも野球に助けられた。野球があって本当によかったです」

その後、九州電力に勤める母・美智子の手ひとつで佐賀商、駒澤大という野球のエリートコースを歩ませてもらい、95年に駒大苫小牧に赴任した。

だが、最初の数年は鳴かず飛ばず。香田は述懐する。

「最初の3年ぐらいは孤独感がありましたね……。まったく知らない土地でしたから、相談できる人、誰もいないし。あのころ、暇なときはいっつも一人でカレイ釣りをやってました。苫小牧港で。竿の先に鈴をつけてね、ぼぉーっと海を眺めてました。ビンに手紙とか入れて流したらどこまでいくのかなぁとか考えたりしながら」

そんな苦境が香田のバネになっていった。

「そのまま辞めたらしょぼいじゃないですか。母親にも『あんた、中途半端で帰ってくるようじゃダメよ』って言われましたし」

そうして就任から7年目、2001年夏に駒大苫小牧を35年ぶりの甲子園に導く。だが、なかなか甲子園で1勝を挙げられず、春夏を通じて自身4度目の甲子園となった04年夏、ようやく初戦を突破したと思ったらそのまま一気に頂点まで駆け上がってしまったのだ。

日本一になった翌年夏、駒大苫小牧は3年連続で甲子園に出場してきた。

ただ、取材陣に囲まれていた香田は表情をこわばらせていることが多く、勝ち進むほどにその傾向は強くなっていった。そんな様子を見ていて、彼は勝つことを望んではいないのではないか、そう思えて仕方がなかった。

だが、それが勝負する者の本能なのだろう。連覇を達成した瞬間、そんな心配をよそに香田は腰のあたりで両拳をぎゅっと握りしめた。そして隣にいた部長と固い握手を交わしていた。

ただ、直後の取材では、「うれしかったのは最初の3分ぐらいです」と、暗にその後やってくる波を察知していたかのようなコメントを残している。その様子を見ていたある記者はしみじみと話していたものだ。「優勝してもうれしくないんですかって、よっぽど聞こうかと思いましたよ」

その時点でのちに起きた騒動を予期していたのかどうかは不明だが、それがなくともその吐露は自分の中では納得のいくものだった。1回優勝しただけでも大変だったのに、そのうえ57年ぶりの夏連覇とは。北海道に帰ったらものすごい状況が待っているんだろうなと。

そして香田はますます内に閉じこもってしまうんだろうなと暗い気持ちになっていた矢先、優勝からわずか2日後に、部長の暴力事件を高野連に報告していなかったことが発覚したのだ。

優勝取り消しという最悪の事態は免れたものの、様相は一変、称賛の雨はそのまま非難の嵐へと変わった。ある選手は不快感をあらわにして語っていたものだ。

「記者の人もいいときはすごくいい顔をして来てたんですけどね。あの問題が起きたときの顔を思い出すともうダメなんです……。この人とは話せないって」

猛烈な逆風のなか、それでも駒大苫小牧は勝ち続けた。秋の北海道大会、国体、明治神宮大会と公式戦は無傷の17連勝。

だがそんななか、さしもの香田も体調を崩した。秋の大会終了後、肺炎にかかり入院。ところが、食事を食べてもすぐ戻してしまう。胃カメラをのむと胃がただれていた。胃潰瘍を患っていたのだ。

結局、1週間ほどで退院したがそのあと体重が激減。92キロあった体重が一時、78キロまで落ちてしまった。なお現在も80キロ前後しかなく、試合のときは2種類の胃薬を服用している。

また、部長の一件以降、香田は明確に取材を拒否するようになった。

「自分が傷ついている部分もあるし、不祥事を起こしたから……というのもある」

やりとりの中で、「（高野連から）警告処分を受けているのにどうして配慮してくれないいんですか！」と声を荒らげたこともあった。

その時期の香田の心境を甲子園に応援にきていた佐賀商時代のチームメートが代弁してくれた。

「大変らしいですよ。冷静でいないと怖いぐらい持ち上げられて、ちょっとでもその気になったらその何倍も叩かれるって。もう携帯が鳴るだけでビクビクしてたらしいですから」

携帯の番号が頻繁に変わっていたのも、このころのことだった。

だが、波乱はそれだけでは終わらなかった。この春、選抜大会への出場が確定したおよそ1ヵ月後。卒業式の夜に飲食店で飲酒および喫煙していた3年生部員10人が警察に補導されてしまったのだ。そしてその2日後の3月3日、学校側は選抜大会の出場辞退と香田の辞任を発表する。

それから5月1日に復帰するまでの約2ヵ月間——。この夏、甲子園出場を決めた直後、この数十日が最もつらかったと振り返った。

「いろんな人に迷惑をかけて、情けない気持ちでいっぱいでしたからね。あんまり出歩くわけにもいかないので、酒の量が増えてしまったこともありました」

そうはいっても、復帰することに対してはかなりの抵抗があったことも打ち明ける。

「あなたが取った責任はそんなに軽いものだったんですかって言われても仕方のないぐらいの短い期間ですから。でも、どんなバッシングを浴びても、今いる選手のためにはこれがベストなんだって自分に言い聞かせました」

だが、復帰してからメディアとの関係は最悪の状態に陥った。出場辞退のあと、週刊誌などに香田の中傷記事が掲載されたことが主な原因だった。報道関係者は話を聞くことはおろかグラウンドに立ち入ることさえできなくなってしまった。以降、取材は基本的に公式戦の試合後のみに限られ、その状況は今も変わっていない。

南北海道大会でのこと、メディアとの関係を象徴するこんなシーンに出くわした。購読している新聞の種類を問うと、香田は「スポーツ紙はとってません」ときっぱり。すると居合わせたスポーツ紙の記者数人が苦笑いを浮かべながら「すいません……」と返した。てっきり香田はそんなつもりで言ったのではないと釈明するものだと思ったら、「個人の自由ですもんね」とむしろ強気に出たのだ。

確かに道内スポーツ紙の駒大苫小牧の扱いは半端ではない。この夏は南北海道大会の1回戦から決勝までの4試合、すべて1面を飾った。ちなみに準々決勝の結果を報じた日、首都圏版のほとんどはオールスターで活躍した新庄を1面に持ってきていた。ある地元スポーツ紙記者が語る。

「日本ハムより駒苫が1面のほうが売れますからね。お客さんも、今だったら巨人戦よりもたくさん入るんじゃないですか」

道外で暮らしていると、香田が実際に置かれている状況に想像力が追いつかない。香田は言う。

「こっちの報道は過剰ですからね……怖くなることがある」

そんななか、駒大苫小牧が負けた瞬間にひとつだけどうしても聞いておきたいことがあった。

勝ち続けることから解放された安堵感はありますか、と。

この夏、南北海道大会の準々決勝から香田を追い続けていた。

早稲田実業との2日間にわたる決勝で敗れ、その機会は訪れた。香田は少し考えたあと言った。

「悔しさはある……そこは誤解してほしくない。でも（3連覇したらどうなってしまうのだろうという）怖さは正直ありました。今は少し、ホッとしています」

香田イコール急速に凍らされた氷。そんなイメージがある。時間をかけて固まった透明な氷と違い、空気を閉じ込め白く濁ってしまった氷。

香田の中にはあまりにも急激に郷土の英雄に祭り上げられてしまったため、整理されずに閉じ込められてしまったものがいくつもあるように見える。メディアへの対応の仕方。優勝監督のイスの座り方。はたまた、自分が本当にやりたかったことは何なのか――。

ただこの夏は昨夏よりはるかに穏やかな表情をしていた。あるいは2ヵ月の「休息」が香田に変化をもたらしたのかもしれない。

決勝翌日から検査入院することになっていた香田は「ちょっとだけ休憩してまた挑戦します」と静かに誓っていた。

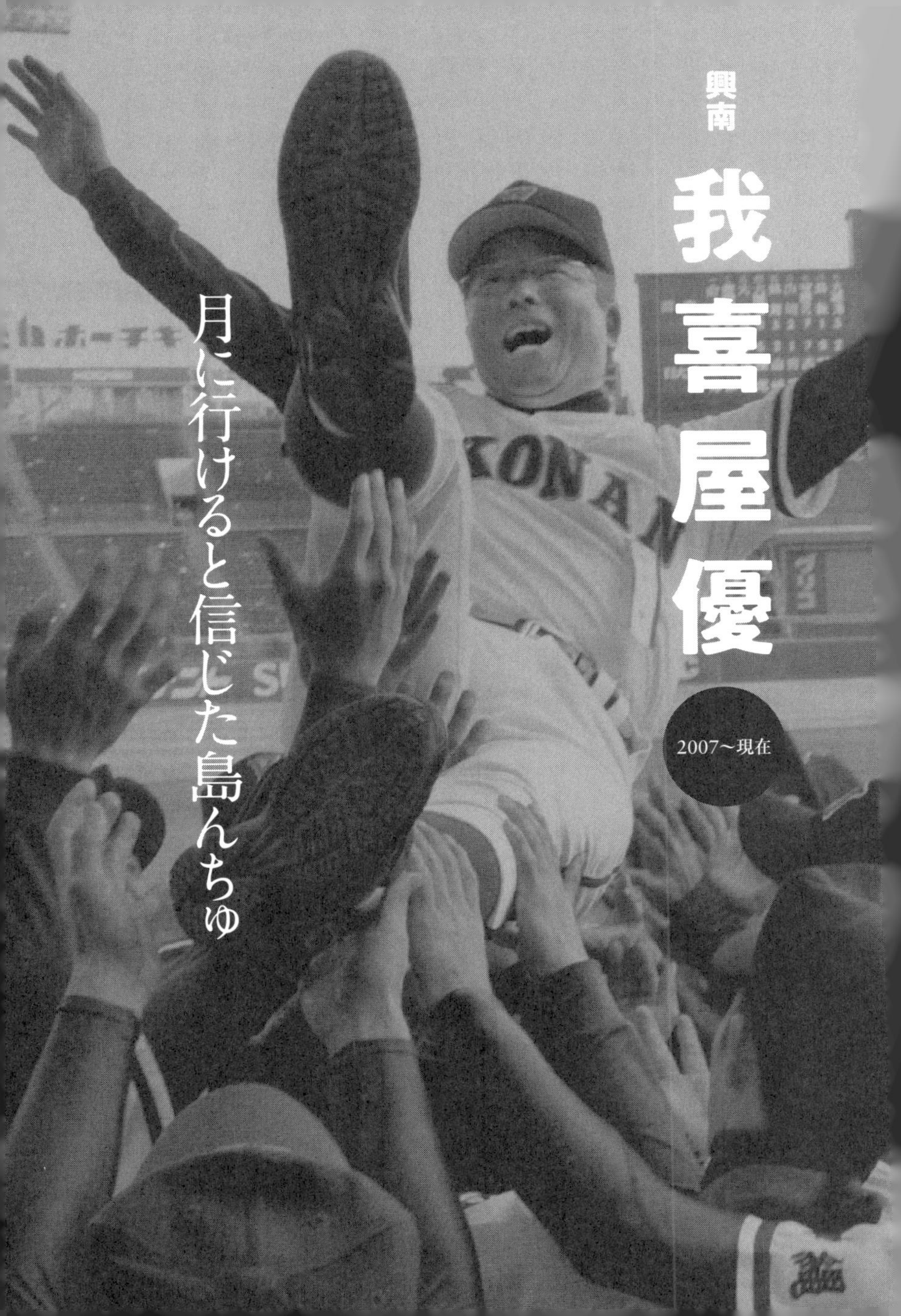

興南

我喜屋優

2007〜現在

月に行けると信じた島んちゅ

夏を極めた「不動の鶏」

Number 2010年9月16日

木鶏《もっけい》。

『荘子』の中の故事に由来する言葉だ。読んで字のごとく、何事にも動じず木の鶏のように見える状態のことを指す。日本では、大横綱の双葉山が、連勝記録が69勝で途切れたとき、「未だ木鶏に及ばず」と知人に電報を打ったことで有名な言葉でもある。

今夏も準々決勝まで勝ち進んだ福島の常勝軍団、聖光学院の斎藤智也監督が、以前「うちの練習は木鶏にするための練習」と話していたのを聞き、改めてそれこそが戦う者の理想型なのではないかと思うようになった。

そういう意味では、この夏、県勢初の夏制覇と、史上6校目の春夏連覇を同時に達成した興南の姿は、まさに木鶏そのものだった。

打っても、抑えても、勝っても、こんなにも喜びを表現しないチームは過去に見たことがない。ガッツポーズはもちろん、笑うことさえほとんどなかった。

準決勝の報徳学園（兵庫）戦で5点差を大逆転し決勝進出を決めたあと、その理由について監督の我喜屋優《がきやまさる》はこう話していた。

「僕は、やるな、なんて言ってないよ。３アウト取った瞬間、喜ぶのはいいと思ってる。まあ、明日にとってるんじゃないですか」

だが、その「明日」も、勝った瞬間はそれなりに喜びを表現したものの、その後、宿舎に帰ると、いつもの興南に戻っていた。

優勝旗を囲んでの記念撮影の際、カメラマンが何度も「笑って」と呼びかけても、あくまで控えめな笑みを浮かべるだけ。業を煮やしたカメラマンから「本気の笑顔で」というリクエストが飛ぶ始末だった。

おそらく選手たちは、言われずとも、我喜屋が日頃からそういった華美さを何よりも嫌っていることをよく知っているのだ。

誰より監督自身、春夏制覇という偉業を達成した瞬間も、手を後ろに組み、大きく２度うなずいただけだった。さらに言えば、我喜屋は２００７年に監督に就任してから約３年半で５度も甲子園に導き、この春には日本一にもなっているというのに、胴上げを容認したのはこの夏の甲子園が初めてだった。

「相手に対する配慮というか、遠慮が先行する。選手もやらせてくださいって手を引っ張るんですけど『心の胴上げでいいから』と。まあ、今回は、そうやって選手も喜びを表現したいんだろうなと思って受けましたけど」

まさに「この監督にしてこの選手たちあり」なのだ。

しかし、もちろん、そんな精神論だけで頂点に立ったわけではない。

興南の戦略性がもっとも垣間見えたのは、準々決勝の聖光学院戦だった。思えば、この顔合わせは木鶏と木鶏の対決でもあった。

聖光学院の2年生エース、歳内《さいうち》宏明（阪神）は、全投球数のうち約半分にもおよぶスプリットフィンガードファストボールを武器に、2回戦で広島代表の広陵（1－0）、3回戦で大阪代表の履正社（5－2）と、強豪校のバットを立て続けに空転させていた。

だが初回、興南の3番・我如古《がねこ》盛次《もりつぐ》（立教－東京ガス）は、これまで各打者のバットがくるくると回っていた膝元に落ちるスプリットを難なく見逃した。瞬間、スプリットを投げるときのフォームの癖を完全に盗んでいる、そう思った。ところが興南の戦術はもっと上をいっていた。

興南は2回、高めに浮きはじめたスプリットに対しては、ことごとくバットを出し、4安打を集中させ2点を奪ったのだ。

2番・慶田城《けだしろ》開が明かす。

「映像をみて確認していたので、ボールが手元を離れた瞬間、球種はだいたいわかった。ボールが浮き上がるように見えたらカーブ。前の方でボールを離したら真っ直ぐ。腕の振りがゆっくりだったらスプリット」

その上で、スプリットに関しては、ボールの軌道が自分の目線より上を通過したらストライクゾーンに落ちてくるので打ちにいき、下を通過したらボールになるので手は出さないという約束事を徹底していたのだ。結果、難攻不落と見られていた歳内をわずか4回途中でノックアウト。3点を先制されながらも、終わってみれば10－3と圧倒していた。

興南のベストゲームというより今大会のベストゲームといってもいいのが、準決勝の報徳学園戦だった。

序盤から積極的に足を使い、攻めの姿勢を前面に出してきた報徳学園は2回までに一挙5点を先制し、試合を有利に運んだ。だが興南は、そんな劣勢にもかかわらず、5回に3点、6回に1点をそれぞれ挙げると、7回にも2点を加点し、ついに逆転に成功する。

興南の特徴はファーストストライクからどんどん振っていけることだ。我喜屋が言う。

「ストライクは簡単に玄関を通すなって言ってある。後ろには家族がいるつもりで、ちゃんと守れ、と。そうやって最初からスイングできるから、中盤以降、集中打が出る」

ただし、それも簡単なことではない。興南は球種をしぼるのではなく、どんな球にも対応できるよう日頃から「反応バッティング」を重視しているからできる芸当なのだ。

「テストと同じ。何が出るかわかってたら誰でもできる。でもうちは日頃から追い込まれた状態を想定して、どんな球にも体の反応で打てるように練習している」

それにしても、あの興南から5点を奪った報徳学園の気迫には感動を覚えたが、表情一つ変えずに淡々と得点を重ねる興南には恐怖に近いものを感じた。

木鶏の話には、実は、こんな前段がある。王はある有名な闘鶏師に鶏の調教を任せた。そして10日ごとに「まだか」と問うのだが、そのたびに闘鶏師は「まだ空威張りしています」「まだ敵を見て興奮しています」と、調教不足を主張する。そして何度目かのとき、ようやく「何があっても木の鶏のように動じなくなりました」とゴーサインが出るのだ。

戦う以上、気迫が大前提だ。だが、興南はそれを上回る境地にいたということだ。

そんな興南の精神性の代名詞といえるのが、エースの島袋洋奨《しまぶくろようすけ》（ソフトバンク）だった。

この春、決勝戦で敗れた日大三の監督、小倉全由が話していた。

「いいピッチャーってのは、早実の斎藤（佑樹）君もそうだったけど、ピンチになればなるほど強い。それまでとは別のピッチャーになる。インコースの真っ直ぐで三振を取ったりするんだよね」

確かにピンチになると本能的にギアチェンジするのだろう、球速が増し、三振で切り抜ける率が異常に高かった。

どんなピンチになっても決して崩れない。その理由をたずねたとき、島袋はしばらく考えたあとにこうボソリと言った。

「崩れそうになったら……崩れないようにするだけです」

思わず笑ってしまったが、この木で鼻をくくったような答えが、実に島袋らしかった。

最後に、今大会の全体的な印象も振り返りたい。

まず評判の本格派右腕がことごとく初戦で散った。大分工業の田中太一（元巨人）、松本工業の柿田裕太（元ＤｅＮＡ）、南陽工業の岩本輝《あきら》（元阪神）。いずれもエンジンがかかる前に敗れてしまった。それとは対照的に小柄な左腕が躍動した。島袋（身長１７３センチ）を筆頭に、前橋商の野口亮太（同１６３センチ）、土岐商の前田拓磨（同１７３センチ）、鹿児島実業の用皆崚《ようかいりょう》（同１６９センチ）。どの投手も小気味のいい投球で、持ち味を十二分に発揮した。

高校球界では、「左腕が増える」→「（左腕を攻略するために）右打者が増える」→「（右打者を攻略するために）右サイドスローが増える」→「（右サイドスローを攻略するために）左打者が増える」→「（左打者を攻略するために）左腕が増える」という大きなサイクルがあると言われている。その説が事実なら、今年は「左腕が増える」年だったのかもしれない。

また「野球先進地域」の代表校にしては、あっさりと敗退してしまうチームが目立った。その原因は、おおよそ想像できる。今年は各地方大会で優勝候補が意外な相手に早い段階で敗れてしまうケースが多く、またその番狂わせを起こしたチームもそこで燃え尽きてしまったため、いわゆる「荒れた」大会が続出した。そのせいで、やや力量的に劣る出場校にもチャンスが巡ってきたのだ。

各都道府県で本命が次々と姿を消してしまったのは、２００７年に私学の特待生制度が問題視されたことを受け、翌年から各私学とも制度の活用を以前より控えるようになり、チーム力が分散したためだと言われている。

沖縄勢は2008年春に沖縄尚学が優勝したのに続き、今年は興南が春夏連覇を達成。2006年から2010年までで3度も日本一になっている。地域別では断トツの数字だ。うち2度は興南が優勝しているとはいえ、優勝校が2チーム出ているということは、地域全体が底上げされた結果だといえる。その証拠に、2006年には日本最南端の高校、石垣島の八重山商工が春夏連続出場して話題を呼び、2008年夏には浦添商が4強入りを果たしている。

近年の沖縄勢の活躍を目の当たりにし、近い将来、沖縄ベースボールの時代がくるのではないかと思い続けていたが、今夏、長年の宿題だった夏の甲子園をクリアしたことで、この流れは一気に加速するに違いない。

これまで夏に勝てない理由は、冬に体を鍛える習慣がないため春から夏にかけての伸びが小さいなど、いろいろ言われてきた。だが、往々にしてそういうものだが、最大の壁は単なる劣等感ではなかったか。ありとあらゆる壁の中で、心の壁ほど大きいものはない。

もう、沖縄の力を止める障壁は何もなくなった。「沖縄ベースボール」時代の足音が、いよいよはっきりと聞こえてきた。

北からきた南の男

週刊現代
2012年7月28日

相変わらずの隙のなさだった。

相手チームの選手がホームベースを駆け抜けるのをじっと見つめ、突然、我に返ったかのように腰に当てていた両手を勢いよく下ろすと、ベンチを飛び出し、そこで気を付けの姿勢をとった。

我喜屋優が見せた感情。それは、その一連の動作がすべてだった。

「選手はよくやりましたよ。誉めてやりたいですね」

7月1日。全国高校野球選手権沖縄大会の2回戦で、我喜屋率いる興南高校は、優勝候補の一角、浦添商業に一時は4点差を追いつく粘りを見せたが、最後は4-5でサヨナラ負けを喫した。監督に就任して以来、我喜屋にとっては、もっとも短い夏となった。

それにしても我喜屋ほど心を読ませない監督もいない。あの夏も同じだった。

2010年夏、興南は、史上6校目となる春夏連覇を果たすと同時に、県勢として初となる夏制覇を達成した。

それだけの偉業を成し遂げながらも、我喜屋は勝利の瞬間、手を後ろに組んだまま2度うなずいただけだった。

「うちはたまたま勝ったわけではない。十分な準備をしてきた結果ですから」

それはそれとして、普通はもう少し感情を露《あらわ》にするものではないか。

そんな経験を何度か繰り返すうちに、ある時から、我喜屋は「沖縄」そのものなのだと思うようになった。

自然豊かな土地だが、それだけではない。住む人々はピュアだが、それだけでもない。我喜屋はこうだと思う一方で、知れば知るほど、その逆の要素も浮かび上がってくる。

我喜屋は、一筋縄ではいかない、なかなかフクザツな監督である。

我喜屋が興南の監督に就任したのは07年のことだ。それから4年で計5回、甲子園に導き、4度目と5度目で春夏連覇を達成した。

04年に済美高校の上甲正典が、就任3年目で春夏連覇を達成しかけたことがある。02年に創部し、04年春に全国制覇、続く夏も全国準優勝までたどり着いた。

だが、仮にこのとき上甲が成し遂げていても、我喜屋の4年目での連覇の方により指揮官としての術を感じていたように思う。

新しい野球部は真っ白なキャンバスと同じだ。だから監督は自由に絵を描くことができる。しかし、興南のような伝統校を引き継ぐと、前監督が描いた絵の上に彩色せざるをえない。間違えると、絵が台無しになる。だが我喜屋は、そのデリケートな作業をパーフェクトにやってのけた。

「連覇のときよりも、就任1年目の夏に甲子園に出たときの方が衝撃だった」

今でも、そう話す関係者は多い。なにせ、その勝ち方がすごかった。興南は戦前の予想を覆し県大会決勝戦まで進むと、断トツの優勝候補だった浦添商を相手に、延長11回を戦い、1-1のまま雷雨でコールドゲーム。再試合では、ほとんど投げていなかった1年生投手を先発させ、2-0で勝利してしまったのだ。

〈我喜屋マジック〉

翌日の紙面には、そんな見出しが躍った。

1年目に結果を出すと同時に、チームをリセットし、そこから3年で最高の地点までたどり着いたのだ。

98年、松坂大輔を擁し、同様に春夏連覇を達成した横浜高校の監督、渡辺元智でさえこう感嘆していた。

「うちは連覇できると思っていなかったが、興南は予想通り。こんなに強いチームは見たことがない」

連覇を達成したときの選手も、我喜屋同様、絶対に隙を見せなかった。試合中に、ガッツポーズはもちろん、笑うことさえほとんどしないのだ。

忘れられない光景がある。決勝戦終了後、宿舎に戻り、メディア用の写真撮影に応じているときのことだ。取材陣が再三「笑って、笑って」とリクエストしても、彼らは一向に笑わない。しまいには、業を煮やしたカメラマンが「本気の笑顔で！」と叫ぶ始末だった。

この監督にして、この選手たちあり、なのだ。

それにしても、これだけの短期間で、これほどまでに鮮やかにチームを生まれ変わらせた指揮官が、過去にいただろうか。

就任当時、3年生でショートを守っていた新崎慎弥が思い出す。

「僕らはたった3ヵ月半でしたけど、それでも今までやってきた以上のことをやったという感じがあった。監督が来てから、負ける気がしませんでしたから。誰よりも、監督が自信を持ってやってましたからね」

そう、圧倒的な自信。我喜屋を語る上でのキーワードは、まずはそこにある。

我喜屋に初めて話を聞いたのは、08年の年明けのことだった。

だが、我喜屋はこのときから「難敵」だった。少しでも油断すると、本題はそっちのけで、あっという間に自分の話に引きずり込む。そうなると、我喜屋の自信に圧倒されるばかりで、口を挟めなくなった。

「監督の仕事は逆境を順境に変えることなんだから。いいんだって、ヘソを曲げれば。真っ当な人間でいようとするから、おかしなことになる。変わってるって言われてもいいからやれ、って。俺も異端児だったからね。人に何を言われようと、違うと思ったら改革してきた。社会人の監督時代もそう。その日のメニューを考えるとき、仕事中に突然机を離れて、試しに腕立てとか腹筋をやったりするじゃない。そうすると、会社の女の子に『頭おかしいんじゃないの？』って顔をされたもんだよ」

私も「会社の女の子」の気持ちが少しわかる。

朝練を眺めながら、我喜屋と何気ない会話をしていたときのことだ。我喜屋に「今でも体を鍛えているんですよね」と振ると、我喜屋は突然、スーツ姿のままシャフトを肩に背負った真似をし、猛然と足を開いたり閉じたりし始めた。フン、フンと、鼻から息を吐き出しながら。

そうして6〜7回も繰り返すと、太ももの内側をさすりながら言った。

「これを50キロのバーベルを持ってやったら、ここの筋肉がすごい鍛えられる」

我喜屋の真剣さが、そのときの状況とあまりにも不釣り合いだったので、私はほんの少し吹き出した。

変わっている人だなと思った。でも、我喜屋に対する好意をはっきりと意識したのは、あのときが最初だったように思う。

まったく隙を見せない反面、普通の人では考えられないような隙を見せるときがあるのだ。

また、堅物のようで、ユーモアも忘れない。私がいちばん気に入ってるジョークはこんなものだ。

近しい知り合いが数人で開いた春夏連覇のお祝いの席でのこと。我喜屋が登場するなり、ひとりが「よ！　ときの人」と囃《はや》すと、我喜屋は「いえ、いっときの人です」と返したという。単なる駄洒落に終わっておらず、なかなか含蓄がある。

だが、本領を発揮するのは、やはりこんな話をしているときだ。我喜屋の話に耳を傾けていると、崩すことなど不可能に思われていたコンクリートの壁が、一瞬にして障子戸に変わるような感覚があった。

「月を見てウサギが住んでると思った人はそこまでの人。なんとかすれば行けると思った人がいたから、人類は月に行けるようになった。行けるって言った人は、最初はバカにされたと思うよ。野球も同じじゃない。できるはずだって信じた人間が道を切り開いてきた」

この言葉を地で行っているのが、他でもない、我喜屋だった。圧倒的な自信には、相応の裏付けがある。

我喜屋がこじあけた1枚目の歴史の扉――。

我喜屋は68年夏、興南3年生のときに「4番・センター」として甲子園に出場。主将としてチームを牽引し、沖縄勢として初の4強入りを果たしている。いわゆる「興南旋風」だ。

それ以前は、沖縄勢が甲子園で挙げた白星は、5年前の夏に首里が挙げた1勝しかなかった。当時の沖縄の熱狂ぶりはすさまじく、地元紙・沖縄タイムスには、こんな見出しの記事が掲載された。

〈全沖縄に〝興南台風〟国際通りがら空き〉

普段は人と車でごった返している沖縄随一の繁華街、国際通りも興南の試合が始まると、ひっそりと静まり返っていたという。OB会の会長、金城丈受《じょうじ》がこの快挙の意味をこう話す。

「その頃、本土ではアパートなどに『琉球人お断り』って書いてあった時代。劣等感を抱えてる沖縄の人間にとっては本当にうれしい出来事だった。そういう意味で、我喜屋監督は本物の沖縄のヒーローだったんですよ」

我喜屋が開いた2枚目の歴史の扉。舞台は、沖縄から約２３００キロ離れた北海道に移る。

高校卒業後、我喜屋は静岡に本拠を置く大昭和製紙富士に進んだ。だが、入社4年目に大昭和製紙北海道への転籍を打診される。事実上の戦力外通告だった。その頃、沖縄の人にとって北海道は比喩ではなく異国そのものだった。

「夜、千歳空港に着いたんだけど、これは冷凍庫だと思った。人が住むところではない、と。頭の中に北海道の地図なんてなかったから、島流しにあったような気持ちになった。親は本気で二度と帰ってこれないと思ったぐらいだから」

しかし、この逆境が我喜屋の生命力を刺激した。

「最初の朝、ガタガタ震えながら起きたら、雪があった。気づいたら、パジャマのまま外に出て、雪を食べてた。これが雪か、と。そうやって3日後に雪と友だちになってたよ」

困難と闘うのではなく、手を結ぶ。それが、この後も変わらぬ我喜屋の発想法のひとつだ。

我喜屋は北海道でようやく働き場所を得た。5番打者として活躍し、1974年に社会人野球の最高峰、都市対抗を制覇。北海道勢の優勝は、後にも先にもこのときだけである。

我喜屋が振り返る。

「都市対抗でホームランを打ったときね、新聞に『北からきた南の男』って書かれたことがあった。うまいことというでしょう」

我喜屋は現役引退後、監督としても都市対抗に出場している。「野球に目覚めた」という社会人時代のエピソードは事欠かない。

「昔は野球選手はスキーなんて絶対にやっちゃダメだった。スキーを練習に取り入れようとしたら、部長が『骨折したらどうすんだ!』って言うから、だったら車の事故とスキーの事故どっちが確率が高いか調べてこい、って。それで、車は許可して、スキーはダメなんておかしいだろう、と」

興南に来てからも社会人野球で培った逆転の発想は、存分に発揮された。

「沖縄は梅雨が長いから、室内練習場がないとダメだっていうけど、そもそも雨が降ったらなんで練習できないの？　ゴルフ好きな人は雨の中だって、喜んでやってるよ。グラウンドがガタガタになる？　バカ野郎、余計な心配せずに、さっさと長靴とカッパ、買ってこい、って」

実際に、興南のグラウンド脇の下駄箱には、雨が降ってもいつでも練習できるよう色とりどりの長靴がずらりと並んでいる。

「南も北も経験した俺に不可能はないんだから。雨も、雪も、怖いものなんてないよ。フフフフフ」

また興南では生活のルールも徹底的に見直した。イスの出し入れの際には音を響かせないようにする。食事中も食器の音をできるだけ立てない。身だしなみも、ワイシャツは第一ボタンまでしめ、Tシャツやポロシャツであっても裾はズボンの中に入れるなど、約束ごとは細部にわたる。

あるとき我喜屋は鞘から刀を抜くように言った。

「俺はいつも（メンバーから）誰を落とすかしか考えてないからね」

その迫力に射竦《いすく》められ、何も返せなかった。すると続けて、

「簡単さ。ここで決めるから」

と言って胸に手を置いた。

「朝の散歩、手を抜いてる。そうじ、手を抜いてる。体操、手を抜いてる。全身を使ってアピールしてるじゃない。僕は絶対にミスをします、って」

甲子園で、ある試合を観戦していた我喜屋が、こう力説していたことがある。

「あそこでセカンドが全速力でカバーに行ってたら、あの試合はわからなかったよ。あのセカンドはね、普段からチームの約束事、守ってないよ。俺は、シャツの第一ボタンをしめない、裾を外に出す、そういう選手は絶対に使わない。小さな決め事を全力でできない子、必ずああいう失敗をするから。そいつで負けたら、絶対、後悔するもん」

私生活と野球を関連づける指導者は数多くいる。だが、その多くはどこかタテマエ的だ。「高校野球らしく」という一種のポーズに映る。だが我喜屋は違う。

「俺は最初から慌てなかった。まず、相手に勝てるの、どこからだろうって探した。だから、片付けの部分、散歩の部分、整理整頓の部分、そっから始めた。甲子園なんて、技術の差だけで勝敗が決まるケースはほとんどない。だいたいがちょっとしたミス。だから逆に小さいことをやってたら、大きなこともできるのさ。ほんとだよ。小さいことやってたら3ヵ月で甲子園、出れたでしょう？」

自明の理だが、私生活を正したからといって、それだけで勝てるはずもない。でも興南というチームの網の目の細かさは、そういった小さな生活習慣に対する執着なしには、やはり説明がつかないのだ。

我喜屋マジックの種は実にシンプルだ。だが、そのぶん年季が入っている。

我喜屋は指導者になってから、社会人時代を通じて、一度も手を上げたことがない。この「非腕力主義」は、我喜屋が持つ美点のうち、最大のものと言ってもいい。

未だに旧態依然とした気質が残る野球界で、これだけの実績を持ち、なおかつ一度も手を上げたことのない指導者というのは、そういるものではない。

「何で、はたかないとダメなの？　殴ってきかせるのはマスターベーション。犬に教えるときのやり方。その代わり何回も同じこと言うよ。わかるまで言う」

10年夏に連覇を達成してから、この夏で4季連続で甲子園を逃したことになる。しかし、その表情、その姿からは、微塵の揺らぎも感じられなかった。

我喜屋は、すでに秋を見据えていた。

「今のメンバーで十分、できますよ。これまでと同じことを繰り返すだけ。じゃあ、行きます」

あくまで颯爽《さっそう》と。そんな後ろ姿だった。

雨ニモマケズ　風ニモマケズ

花巻東

佐々木洋

2002〜現在

花を咲かせる土のように

Number 2010年4月15日

まるでコピーのようだった。

昨夏、全国高校野球選手権大会でのことだ。花巻東（岩手）の菊池雄星はこんな話をしていた。

「スタンドで応援してくれている65人の選手は、グラウンドで全力疾走する権利さえ与えられていない。だから、僕がその権利を放棄することは絶対にありえません」

チームの約束事とはいえ、凡打であっても菊池が毎回、ものすごい形相で一塁を駆け抜けるのでその理由を尋ねたのだ。投手なのだから、そこまでしなくてもいいのでは、と。

「権利」、「放棄」という言葉に若干不自然さを覚えた。だが、その謎はすぐに解けた。続けて監督の佐々木洋に同じ質問をすると、佐々木も「権利」、「放棄」という単語を使って、その理由について菊池とまったく同じような説明をしたのだ。

部長の流石《さすが》裕之が笑いながら話す。

「雄星の後ろには、いつも監督が見える。それぐらいいつも監督と同じようなことをしゃべってる。やっぱり雄星がいちばん監督の影響を受けたんじゃないですかね」

才能と環境の関係は、種と土の関係に似ている。菊池という優秀な種ならば、どんな土でもそれなりの花を咲かせたことだろう。ただ、その大きさ、そして何より色や形は今と違っていたのではないか。菊池は言う。

「中学時代のコーチに必ずプロには行けるって言われていた。だから、プロに行くことじゃなくて、どういうプロ野球選手になりたいかを考えて高校を選べって言われたんです」

中学生当時、菊池には県内外合わせて30校ほどの高校から声がかかっていた。その中から最後は仙台育英（宮城）と花巻東の2校に絞った。仙台育英は言わずと知れた全国区。一方の花巻東は、2年前の夏に15年ぶりに甲子園に出ていたものの、県内でさえまだ4〜5番手ぐらいにしか評価されていなかった。つまり、甲子園までの距離ではなく、自分が理想とする野球との距離が近い方を選択したのだ。

「基準にしたのは、選手生命を絶たれたとき、ここに入ってよかったと思えることでした。花巻東は強いチームではなく、いいチーム。あいさつとか全力疾走とか、野球に取り組む姿勢が素晴らしいと言われていた。だから監督が厳しいのは知っていましたけど迷いはありませんでした。県内に残りたいというよりは佐々木監督のもとで野球をやりたかった。もし県内に花巻東がなかったら、ほぼ100パーセント、県外に出ていたでしょうね」

菊池が花巻東を思っていた以上に、菊池を思っていたのが花巻東高監督の佐々木だった。

佐々木は小学6年生のときから菊池のことを見続けていた。中学3年時、菊池が全国大会に出場したときは、佐々木はわざわざ長野まで足を運んでいる。菊池が所属していた盛岡東シニアの監督、小野寺孝行が回想する。

「さすがにびっくりしました。宮城ぐらいまでなら来る人もいましたけど。あのとき、この監督なら……って私も思いましたね」

菊池がいたから勝てただけだ——。

ありがちな話ではあるが、この春、選抜大会出場を逃したこともあり、花巻東は今、そんな中傷にさらされているという。

だが、どんなに可能性を秘めた種子を手に入れても、十分に育つための土がなければ菊池はあれだけの花にはならなかったはずだ。

夏の甲子園で連覇を果たした駒大苫小牧の元監督、香田誉士史が初めて花巻東の野球に触れたのは菊池が入学する前年、06年の春のことだ。青森遠征の際に練習試合をしたのだ。

花巻東といえば、独特のベンチワークが有名だ。ベンチ内にいる選手は絶対にベンチに腰を掛けず、常に拍手と声援を送っている。また、たとえバント失敗で戻ってきた選手でもハイタッチで迎える。そうして花巻東の流れを作り上げていくのだ。その姿に心を動かされた香田は試合後、すぐに自分のチームの選手たちに「あれを真似しろ」と命じた。

「あと、ベンチの中でときどき監督がぶつぶつ言ってるんだけど、そのたびに、選手の目がぐわってそっちに向いていた。そういうチームはやってて怖いんだよね。その1年後の冬かな、雄星が1年生のとき、花巻東に行ったんだけど、そのときに東北で最初に日本一になるのは、花巻東か聖光学院だと思うって話をさせてもらった」

聖光学院とは、花巻東と同じような雰囲気を持つ、福島県の甲子園常連校だ。

佐々木が持っていた求心力。それは天性のものだと言っていい。01年秋、佐々木が26歳の若さで監督に就任した当時、高校2年生だった松田優作が証言する。松田は現在、花巻東のコーチを務めている。

「それまでは甲子園なんて、ぜんぜんイメージできなかった。その前年、仙台育英と練習試合をしたときは10点差以上つけられて負けたんですけど、憧れのチームと試合ができただけで満足だった。でも、1年後の夏、佐々木監督になってから仙台育英とやったときは『本気でぶっつぶしに行くぞ！』ってみんなで言い合ってました。それで5－3で勝ったんです。その頃には、甲子園に出て1勝か2勝ぐらいはしなければいけないと思っていた。たった1年でこんなに変わるものなのかというほど意識が変わりましたね」

花巻東が15年ぶりの甲子園出場を決めるのは、それからわずか3年後のことだった。

つまり、07年春、菊池が入学したときには、佐々木によって花巻東の土はすでに十分に耕され、養分をいっぱいに蓄えていたのだ。

菊池が入学した直後、その佐々木は菊池に対しこう決意を語ったという。

「おまえがきて甲子園で勝てなかったら、3年後、俺も学校を辞めるからな」

そんな覚悟が菊池にも届いたのだろう。結果はすぐに出た。菊池は1年夏、背番号こそ17番だったが事実上のエースとしていきなり甲子園の土を踏む。初戦で敗れたものの、甲子園では145キロをマーク。県内では、菊池が卒業するまで花巻東は5季連続で甲子園に出場するのではないかとまで言われた。

だが、ここから苦難が始まった。以降、菊池は「あの頃は投げるのが怖かった」と言うように、自分のフォームを見失ってしまい、2年時は春、夏ともに甲子園を逃した。

「150キロぐらい投げないと成長してないって言われると思って、焦ってしまった……」

花巻東は、前身の花巻商時代に一時期強かった頃があり、オールドファンも多い。そのため、菊池はグラウンドにやってきた年配のOBに「おまえの気持ちが弱いからだ！」といきなり怒鳴りつけられたこともある。佐々木も似たような経験を何度もしていた。

しかし、そんなときでも花巻東の栽培方法がぶれることはなかった。流石が話す。

「うちは勝つことだけを求めているわけではない。勝つことも大事だけど、こういうチームだから勝てたんだって思われるよう、その過程をいちばん大事にしている。その部分、つまり根っ子と幹の部分は間違っていないという自信はあった。あと技術的な部分は枝葉ですからね。何かのきっかけがあれば、変わるんじゃないかと思っていた」

佐々木は練習後、必ずミーティングを行うが、野球の話はほとんどしない。流石が言うところの、根っ子と幹の部分の話ばかりだ。菊池は今、そのミーティングに参加できなくなったことが少しさみしいと言う。

「長いときだと1時間とか2時間になる。生き方の話ばっかりなんですけど、でも一度も眠くなったことがない。毎日、ミーティングの時間が楽しみで仕方なかった」

たとえば、こんな話をするのだそうだ。前主将の川村悠真が説明する。

「二人の木こりがいて、一人は寝食を忘れて働いている。もう一人は食事も睡眠も取りながら木を切っている。でも、二人の木を切る量は変わらない。なぜか。もう一人の方は、斧を研ぐのに時間をかけていたんです。要するに何をするときも、闇雲にやるのではなく、考えてやりなさいという教えなんです」

また、自己啓発本を好んで読む佐々木は花巻東のトレーニングルームに黒マジックで書いた人生訓をいくつも張り出している。

〈礼儀正しさという小さな代償を支払えば　他人の好意という大きなものが手に入る〉

〈下積みをしているときは不幸かもしれない。しかしそれに耐えられないものは幸福を見ることはない〉

菊池も、これらの言葉を眺めながら日々、汗を流したのだ。菊池はしみじみと話す。

「打たれた時とかに少しでも不満を顔に出したら、めちゃくちゃ怒られた。他の高校であそこまで結果を出していたら僕も勘違いしていたかも……。そう考えると怖いですね」

あそこまでの結果。改めて説明するまでもないが、2年生の1年間は苦しんだ菊池だったが、佐々木の「3年間、ずっと調子いいなんてことは絶対にないから」という言葉に支えられ、3年になると同時に完全に復調。09年は春夏連続で甲子園に出場し、春は準優勝、夏は4強入りに貢献して「花巻東フィーバー」の立て役者となった。その力投の陰にあったものの。それもやはり佐々木の存在だった。

コーチの松田優作がこんな話をしていた。

「火事の現場があって、佐々木監督に飛び込めって言われたら、僕らの代はみんな飛び込んでたと思いますよ」

その話を菊池にすると「僕も、今でも飛び込めますよ」と同調した。

「それぐらいじゃなきゃ、夏も投げてませんよ。ケガしてまで」

あの夏、背筋痛と伝えられていた故障は、のちに実は肋骨を疲労骨折していたことが判明した。準決勝の前、菊池が悲壮感を漂わせながら語った言葉が思い出される。

「壊れてもいい。人生最後の日だと思って投げる。医者に後遺症が残るかもしれないって言われましたけど、それでもいいって痛み止めの注射を打ってもらいました」

なんて古風な選手なのだろうと思ったのだが、こうして師弟関係の一端を知るにつけ、少なからず合点がいった。そして、この言葉をことさら美化するつもりはないのだが、花の大きさだけでなく、佐々木が育てた菊池のこうした純朴で一途な色や形にファンは心をつかまれ、声援を送っていたのだ。

もちろん色や形だけで勝てるほど、勝負の世界は甘くはない。だが、甲子園という場所は、時としてそんな色や形を好きだという人たちが背中を押してくれることがある。

卒業式の日、菊池は佐々木から手紙を渡された。便箋3枚におよぶその手紙にはこんなことが書かれてあった。

〈最後の1年、もし甲子園で勝てなかったら俺は本当に学校を辞めるつもりだった。でも、そうなったとしても、俺は菊池雄星といういろいろな人に愛され、尊敬される投手を育てたのだと胸を張って辞めるつもりだった〉

おそらく、佐々木がそう思えた時点で、あの年の夏、菊池が、ひいては花巻東がチームカラーである紫色の大きな花をつけることは約束されていたのだ。

菊池は今でもこの手紙を読み返すことがあるという。練習試合で打ち込まれたときも、机の引き出しからこの手紙を取り出した。

「この手紙には、花巻東での3年間が詰まってる。これから先も、調子に乗ってるのかなって思ったときには読み返すと思う」

菊池という種は、試行錯誤しながらも、西武ライオンズという新しい土地で少しずつ根を張り始めている。

一方、そんな菊池をかつて育てた土も、今度の夏に向け、栄養を蓄えている真っ最中だった。佐々木は選抜の代表校が決まってからは、菊池に関する取材は一切、受けていない。

また甲子園に新たな紫色の花を咲かせるまで――。少なくともその日までは、昔咲かせた花の話は封印するつもりでいる。

横浜
小倉清一郎
渡辺元智
監督
1977～1978
部長
1994～2010
1968～1977
1978～2015
仲の悪い名コンビ
YOKOHAMA
YOKOHAMA

渡辺元智　延長17回のエピローグ

Number
2015年8月20日

試合中、選手に対して初めて覚えた感情だった。今夏限りでの勇退を発表している横浜高校の監督・渡辺元智《もとのり》が振り返る。

「これは限界じゃないかな……と思いましたね。さすがに過酷だな、と。親心というか、同情のような気持ちが湧いてきた」

延長11回表。先頭の4番・松坂大輔がレフト前ヒットで出塁。送りバントで二塁へ進むと、ベース上で松坂が力なく首を前に垂れていた。前日の3回戦、星稜との試合で松坂は148球を投げていた。その上、この日は8時30分開始の第1試合である。10回を終えた時点で、松坂の球数はすでに161球に達していた。渡辺が続ける。

「いつもだったら、選手のことをかわいそうだなんて思わないんですよ。『投げろ、この野郎！』って思うことはあっても。いちいち同情してたら勝てませんから。ダメなら代える。それだけです。でも、あのときの松坂の姿だけは、頭に焼き付いて今も離れないんですよ」

1998年8月20日。全国高校野球選手権大会の準々決勝で、春の王者・横浜は、渡辺が「王国」と畏怖していたPL学園とぶつかった。両校は選抜大会の準決勝でも対戦し、そのときは横浜が3－2で辛うじて逆転勝利を収めていた。

渡辺はこの組み合わせに天の配剤とでもいうべき巡り合わせを感じていた。

「まだ準々決勝だったので、両チームともに精神が充実していたし、余力もあった。だから、あれだけのゲームになったんでしょうね。決勝で当たってたら、もっと大味な展開になっていたかもしれない」

ところが接戦必至と予想された試合は、序盤、思いがけない展開で幕を開ける。

ここまでの全3試合で完投し、自責点0に抑えていた松坂が、2回裏、4安打を集中されれ、いきなり3失点。渡辺は今もPLの底力に畏敬の念を表する。

「あれがPLの伝統ですよ。甲子園という器が、どこよりも似合う。大観衆の前でも動揺せず、むしろ、持ってる力以上のものを出すんです」

試合後の各種報道では、球種によって捕手・小山良男の構えが異なることにPL側が気づき、それを三塁コーチャーが打者に伝達していたことが先制攻撃につながったと分析された。ただし、証言者によって事の詳細は微妙に異なる。渡辺も、そこに根拠のすべてを求めようとはしなかった。

「松坂の真っ直ぐであり、変化球ですよ。わかっていても、打ち損じることはある。それを確実にとらえたわけですから。そこがPLのすごさですよ」

誰もが予期せぬ大量失点だった。にもかかわらず、渡辺は「うちの打線なら、それなりに点は取れる」と平静だったという。

その後は小刻みに点を取り合い、5回表、横浜は4－4の同点に追いつく。ここからは、がっぷり四つだった。7回裏、PLが5－4と勝ち越すと、直後の8回表、横浜は再び5－5の同点とした。一進一退の攻防は、延長戦に突入してからも続いた。

11回表の攻撃に入るとき、渡辺はそこまでノーヒットだった3番・後藤武敏をベンチの奥に呼び、一喝した。10回表、中途半端なスイングで空振り三振に倒れた瞬間、審判の判定にわずかながらも不服そうな表情を見せたことが渡辺の逆鱗に触れたのだ。

「いつもは個人攻撃はしない。でも、あれだけ松坂ががんばっているのに何をやっているんだと。特別扱いをするわけにはいかないので、もちろん松坂の名前は出しませんでしたが『おまえとは縁を切る！』ぐらいのことを言いました。あいつは半分、泣いていましたね。めちゃくちゃ怒りましたから。後藤が疲労骨折で腰を痛めていたことを知ったのは大会後のことです」

その激情が乗り移ったのか、横浜は11回表、1死二塁の好機に、6番・柴武志がセンター前ヒットで応える。二塁走者の松坂は懸命にホームをつき、間一髪のタイミングだったがセーフ。松坂はその場にへたり込み、両拳を小さく掲げた。渡辺は語る。

「彼のベースランニングは、ほとんど全力。よくあれだけ走れるな、と。でも、それだけ彼も早く終わらせたいという気持ちがあったんだと思いますよ」

が、その裏。松坂は2死二塁から、5番・大西宏明に同点打を浴びてしまう。松坂は落胆の表情を隠せず、がっくりと肩を落とした。その姿を見た渡辺の中で、何かが弾けた。12回表、攻撃に入る前の円陣で、渡辺は鬼の形相で「何が何でも勝て！」と選手たちを叱咤した。

「選手たちはみんなぎりぎりのところで戦っていたので、どこかで勝っても負けてもいいというような気持ちになりかけていた。でも松坂がボロボロになりながらも投げている姿を見ていたら、こういう戦いだからこそ絶対に勝たなくちゃいかんと思った。普通は墓穴を掘るだけなので、そんな激しい言葉は使わない。でも、このときは肩肘が壊れても、腰が砕けても、すべての苦難を乗り越えて勝利を得よというニュアンスを込めて言いました」

横浜は13回から15回まで毎回、チャンスをつくりながらも決め手を欠いた。その一方で、尻上がりに調子を上げた松坂はＰＬ打線を12回から15回までパーフェクトに抑え込む。

試合が再び動いたのは、16回表だった。横浜は3安打を集中させ、１死満塁の得点機をつくる。打席には、２番・加藤重之。スクイズも考えられる場面だったが、渡辺は加藤に任せた。

「この試合、私はほとんど動いてません。自分に言い聞かせていたのは、普通に野球をやるんだ、ということ。それだけの練習をしてきた自負がありましたから」

加藤の打球は、高いバウンドのショートゴロに。一塁がアウトになる間に、三塁走者が本塁を駆け抜けた。横浜は再び1点を勝ち越す。渡辺は11回表と同じように「これで終わりだ」と思った。

ところが、その裏、またも一塁手の後藤が足を引っ張った。1死三塁から、3番・本橋伸一郎の打球はショートゴロ。ショートが一塁へ送球した瞬間、三塁走者の田中一徳がスタートを切る。本来、後藤は一塁ベースを離れ、三塁走者を優先的に本塁でアウトにしなければならない。ところが、後藤はベースを踏みながら送球を受けたため、ヘッドスライディングをしてきた本橋に足をすくわれ、本塁への送球が大暴投になってしまう。またしてもスコアボードの「1」の真下に「1」が点灯した。

渡辺が眉間に皺を寄せる。

「あのときは、はらわたが煮えくり返った。17回に入って、初めて18回で決着がつかなかったら再試合なんだと思った。でも再試合はさすがに松坂は投げさせられませんからね。やはりこの試合で何としてでも決めなければと思い直したんです」

17回表は4番・松坂、5番・小山と続けて倒れ、あっという間に2死になってしまった。続く6番・柴の当たりも何でもないショートゴロだったが、PLのショート・本橋が一塁へ悪送球。思わぬ形で走者を出した。

このとき、渡辺には「ひょっとしたら……」という予感があったという。

「本橋君のリズムがおかしかった。打球に合わせて動けていなかった。内面までは見えませんが、相当なプレッシャーがあったんだと思いますよ」

終わるはずが、終わらない――。得てして、こんなときは何かが起こる。

続く途中出場の7番サード・常盤良太が初球の真ん中高めの直球を叩いた。打球は低い弾道で右中間方向へ伸びていく。渡辺の回想。

「打った瞬間、入ると思った。なので松坂の顔をすぐに見ました。ベンチ前でキャッチボールをしていたんですけど、目がうるんでましたね。彼がこれで勝ったと気を緩めてしまうことが怖かった。ところが安心したことで逆に力みが抜け、17回裏の松坂はさらに腕が振れてましたね」

松坂は簡単に2つのアウトを稼いだ。そして7番・田中雅彦を、高速スライダーで見逃し三振に切って取る。この日、２５０球目のボールでもあった。

その瞬間、渡辺の脳裏を過《よ》ぎったのは、１９８０年夏の優勝シーンだった。早実の1年生エース・荒木大輔を攻略し、横浜は6－4で最終回を迎えた。マウンドにはエース愛甲猛《あいこうたけし》をリリーフした川戸浩が立っていた。

「あの試合も川戸が三振で締めくくったんですよね……。この試合も川戸のような信頼できる2番手ピッチャーがいれば、どこかで代えていたでしょう。松坂と心中するというような感傷的な気持ちはありませんでしたが、他にいなかった。そのことは松坂もわかっていたと思いますよ」

98年夏、横浜は3つの奇跡を起こした。この試合と、準決勝と、決勝である。翌21日の準決勝の明徳義塾戦では6点差を8回、9回の2イニングだけで逆転し、劇的なサヨナラ勝ちを収める。22日の決勝では松坂が京都成章をノーヒットノーランに封じ、春夏連覇を完成させた。

それでも渡辺は、最後の2試合を「PL戦の余韻」と表現する。いずれも記録的な内容だが、渡辺にとってPL戦はそれほどまでに壮絶なゲームだったということだ。

あの夏から、20年近くが過ぎようとしている。

以降、渡辺は春夏7回ずつ計14回甲子園に出場し、03年春には準優勝、06年春には5度目の全国制覇を成し遂げている。通常ならば十分、賞賛に値する戦績だ。しかし、松坂らとともに公式戦44連勝という不滅の金字塔を打ち立てた監督としては、どこか物足りなさが残る。その「不完全燃焼感」の理由を、渡辺は98年夏の後遺症なのだと語る。

「あれ以上の結果は、もうない。そう思ったら勝つことよりも、人間教育に力を入れるようになった。勝つことにガツガツし過ぎていると批判を浴びた反動でもあった。それが今ひとつ甲子園で勝てなくなった原因でしょうね」

今年71歳になる渡辺は、監督を退く際となり、初めて気づいたことがある。

「死にものぐるいでやるからこそ、恐怖が生まれる。教育って何かと考えると、その恐怖に打ち克つことなんですよ。そのためにもやる以上は、やっぱり全国制覇を目指さなければならないんですね」

高度な技術と知識を身につけた一流の選手同士がただぶつかっただけでは、このような名勝負は誕生しない。渡辺が勝つことに対する執着心を剝き出しにし、それによって横浜の選手たちが恐怖心を乗り越えたからこそ、見る者の心を揺さぶったのだ。この試合は、渡辺の闘争本能を表現した一世一代の大作でもある。

「名参謀」小倉清一郎が駆けた41年

Number 2014年9月4日

半袖のポロシャツから、漆のように何層にも焼かれ、黒光りした二の腕が覗く。フランスのシャンパンボトルのように太い。

「昔、巻き上げばっかりやってたから」

小倉清一郎《おぐらきよいちろう》が、どら声を張った。「巻き上げ」とは、先に重りを吊したロープを手首の力で棒に巻きつけるトレーニングのことだ。

小倉は8月31日をもって、横浜高校野球部のコーチを辞めることになった。

「自分の中では、もう限界。70歳だし、ちょうどいいと思ってた」

8月某日。練習試合を終えて自宅に戻った小倉は「年中、手足が冷えて仕方がない」と夏でも出しっ放しになっているコタツに両足を突っ込み、流転の指導者生活を振り返り始めた。

最初、小倉はなかなか目を合わせようとしなかった。しかし、興が乗ってくると、少しずつ視線が行き交い始めた。

「甲子園の準決勝、決勝ぐらいまで勝ち進むと、さすがに監督に対して嫉妬が湧きますよ。

なんでだよ、って」

高校球界広しと言えど、監督以外で小倉ほど名を知られた指導者はいないだろう。通常、甲子園であっても、試合後に部長やコーチの周りに集まる記者は1人か2人だ。ところが小倉の周りには軽く10人以上集まった。

身長170センチ、体重110キロ超で、坊主頭。その愛嬌たっぷりのシルエットと、通り一遍では終わらないコメントが人気の秘密だった。

2001年夏、横浜は準々決勝で150キロ右腕の寺原隼人（ソフトバンク）を擁する日南学園（宮崎）とぶつかった。その試合前、見所を聞かれた小倉（当時は部長）はこう答えた。

「寺原は送りバントの場面、緩いボールでわざとバントをさせて二塁で殺そうとしてくる。だから、うちはバスターを仕掛けます」

そして、本当にバスターで寺原を攻略してみせた。

今や「横浜の小倉」と言えば高校球界では知らぬ人はいないが、その名が知れ渡ったのは意外に遅く、54歳のときだった。

98年夏。松坂大輔を擁する横浜は、史上5校目となる春夏連覇を達成した。準々決勝の延長17回に及んだPL学園との激闘は、今も語り草だ。その名勝負の報道で、部長の小倉が毎試合作成していた詳細な相手校のデータ「小倉メモ」の存在が明らかになり、一躍脚光を浴びたのだ。

小倉メモはすべて手書きで、打者編と投手編の2部に分かれている。打者編は1番から9番までの各打者の打球方向や得意コース等が、投手編は各投手の持ち球や配球の傾向が、事細かに書き込まれている。両方を作成するのに優に3～4時間はかかるという。

もっとも生きるのは「相手打者の打球方向」だ。件《くだん》のPL学園戦でも、打者ごとに微妙に守る位置を変え、ピンチを未然に防いだ。

「公式戦は毎試合作ったから、これまで500枚、500枚で、計1000枚ぐらいは書いたんじゃない?」

横浜の強さは小倉にある――。98年以降、関係者の間ではそう囁かれるようになった。

横浜の練習メニューは原則的に小倉に任されている。部長としてベンチ入りしていた10年までは先発オーダーも小倉が決めていた。サインも小倉が出していると噂されたことがあるが、それは誤解だという。

「俺はサインは一切、出したことはない。監督の渡辺(元智)に『スクイズしたいんだけど、外されそうか』みたいに相談されたことはありましたけど」

そうは言っても、いわゆる部長の範疇を遥かに超えた権限を与えられていた。にもかかわらず、勝ったときに賞賛されるのは監督の渡辺ばかりだった。

ただ、過度に注目されたくなかったことも事実だ。

「性格的に人前に出たい方でもない。それに顔を覚えられると遊べなくなっちゃう」

だからこそ何度となく渡辺と衝突を繰り返しながらも、30年近く、横浜でコンビを組むことができたのだ。

「俺は多少、暴走するときがあるんで、その辺は、ナンバー2でよかったのかなと。人間性の問題もあるしね」

偽悪的なところ。それも小倉の魅力のうちのひとつだった。

小倉が指導者を志したのは、東都大学野球リーグの古豪・東京農大3年生のときだ。

「2年生までは一生懸命、野球をやりました。でも捕手として素質がなかった。そこから指導者になりたいと思うようになった」

しかし出だしで躓《つまず》いた。2年から教職課程を履修したのだが、3年生に進級すると周囲の誘惑にあっさりと負けた。

「上級生になると、ある程度、好き勝手できる。練習が終わると、みんな麻雀、パチンコですよ。おもしろくてね。教職なんてやってられねーって、おっぽっちゃった。今考えれば、あれがケチのつき始めですよ」

大学卒業後、三菱自動車川崎、河合楽器と2つの企業チームを渡り歩く間に、神奈川県内の私学の監督を3ヵ月ほど務めた時期があるが、あまりの待遇の悪さに幻滅した。

「安月給でね。請われて行ったつもりなのに、押しかけたみたいな感じだった……」

体調を崩して河合楽器を辞めた後は、現役生活はきれいさっぱりあきらめ、地元横浜の水道工事の会社に就職。そこからは月に1～2回、中学野球を教える程度で、専ら水道工事職人としての腕を磨いた。

転機が訪れたのは大学を卒業してから6年後、73年だった。中学野球チームの監督が静岡の東海大第一高校（現・東海大静岡翔洋）の監督を務めることになり、小倉もコーチとして招聘《しょうへい》されたのだ。そうはいっても土日限定コーチで、平日は横浜へ戻って水道工事の仕事に精を出した。

小倉がコーチに就任して4年目の76年、東海大一は春夏連続して甲子園出場を果たした。

当時の小倉のコーチぶりを想像させるエピソードがある。東海大相模との合同練習で、同校の監督、原貢の前で小倉が外野ノックをしていたときの話だ。原は言わずと知れた読売ジャイアンツの監督・原辰徳の実父で、のちに東海大系列校野球部の総監督にまで上り詰めた名指導者だ。小倉は背後の飛球を追う外野手に「いったん目を切れ！」と助言した。その方が速く走れるからだ。ところが原にこう諭されたのだ。

「おまえは甲子園を知らないんだな。夏の甲子園は白い服を着たお客さんばっかりだから、目を離したらボールを見失ってしまうんだ」

それに対し、小倉はこう食ってかかった。

「そんなことは百も承知です。だから、スタンドの高さを越えるような高いフライのときにしか僕は目を切れとは言ってません！」

だが小倉はこのとき原に口答えしたことを今も小さく悔いていた。

「原さんには、その後も、ずっと言われ続けましたから。『年下で文句を言ったやつはおまえが初めてだ』って。生意気なやつだと思われたんでしょうね。もしあれがなかったら、東海大系列の学校をひとつ、任せてもらえたかもしれないのに……」

東海大一のコーチは長くは続かなかった。春夏の甲子園に出場したとき、仕事を1ヵ月休んで帯同したにもかかわらず、5万円しかもらえなかったからだ。

「水道屋をやってれば、1ヵ月で30万は稼げますからね。やってられませんよ」

東海大一を辞めた数ヵ月後、仕事の合間にパチンコを打ちに行こうと信号待ちしていると、偶然、横浜高校時代の同級生でチームメイトだった渡辺が車で通りかかった。当時、渡辺は横浜の指導に携わっていた。渡辺に一緒にやらないかと誘われ、小倉は快諾したものの、このときは2年と持たずに袂《たもと》を分かった。指導方針の行き違いが原因だった。

「横浜を辞めたのが昭和53年（78年）6月10日ですよ。その2日後にY校（横浜商業）に行って、当時監督だった古屋（文雄）に『甲子園行きたくないか』って聞いたら『行きたい』って言うから『じゃあ、俺を使え』と。それからは横浜憎しがエネルギーになった」

小倉の横浜商コーチ就任2年目の79年、同校は46年ぶりに夏の甲子園切符を手にした。そして83年には春夏連続で全国準優勝という偉業を打ち立てる。ただし、この時代、横浜商躍進の陰に小倉の存在があったことは、ほとんど誰も知らなかった。小倉は12年間横浜商のコーチを務め、計8回、甲子園出場をバックアップしたが、そのたびに水道会社を変えなければならなかった。

「甲子園行くから1ヵ月ぐらい休ませてくれなんて、そんなの通用しない世界だから」

どれだけ貢献しても、横浜商でも「雇われコーチ」扱いは免れなかった。どこかに満たされない思いが募っていたとき、横浜の渡辺に再びコンビを組まないかと持ちかけられた。10年以上前の苦い思いを忘れたわけではなかったが、横浜に戻れば、少なくとも待遇面は改善されそうだった。仕事との両立に疲れ始めていた小倉は、その提案に乗った。そしてコーチ就任の半年後、横浜の事務職員として迎えられる。小倉にとって初めて野球に専念できる環境が整った。90年、46歳のときである。

しかしコーチのままではベンチ入りはできない。そのことを気にかけていた渡辺に教職課程を再履修するよう勧められ、94年にようやく教員免許を取得する。免許があれば部長になれるし、そうすればベンチにも入れる。ベンチの中で小倉が直接指示できるようになり、小倉メモがこれまで以上に生きるようになった。そこから部長の職を解かれる10年までの16年間が、小倉がもっとも野球を楽しめた時代であり、輝いた時代でもあった。

渡辺が忙しくて教壇に立てないときには代わりに社会科の授業も受け持った。

「半分は授業、半分は生きる知恵を教えてやった。親でも保証人にだけはなっちゃダメだとか、プロ野球選手になっても50万以上は他人に絶対貸しちゃダメだとかね」

小倉は2度目の横浜時代、25年間で、計22回甲子園に出場した。うち15回は部長を務めていたときで、春2回、夏1回の全国制覇も同時期に経験している。まさにこのときが横浜の黄金時代だった。

その中でも、小倉が「最高傑作」だと自画自賛するのは、やはり98年に松坂を擁し春夏連覇を達成したときのチームだ。

小倉の強烈な自負を感じた瞬間があった。「松坂が小倉さんの人生も変えてくれたんですね」と問うたときだ。言った瞬間、失言だと気づいた。小倉は顔色をまったく変えずに、この説を真っ向から否定した。

「今年（2014年）の1月、（松坂が表紙の雑誌を指さして）これが久々にグラウンドに来たんですよ。俺がグラウンドへ行ったら、キャッチボールをやってるから『勝手にグラウンド使うんじゃねえ！』って怒鳴ってやった。そうしたら松坂が驚いた顔してるから、言ってやったんだよ。『おまえな、誰が何と言おうと、俺がおまえを育てたんだ！　俺がおまえを探してきて、俺が鍛えたんだ！　その俺にぜんぜんあいさつがないのはどういうことなんだ！』って」

約3年間、音沙汰が無かったことに対して、小倉は業を煮やしていたのだ。

小倉がコーチを辞めることをいち早く知った松坂は、小倉に電話をかけてきて、この秋、アメリカに招待すると約束したという。

「俺はビジネス（クラス）じゃ行かないよ、って。ファーストクラスじゃないと嫌だよって言ってやったんだ」

98年の連覇で名を挙げた小倉には、東北地方の強豪私学から好条件で誘いの声がかかった。だが最終的にその申し出を断る。小倉と渡辺はぶつかり合いながらも、そうして付かず離れずの関係を維持し続けた。自分に欠けているものを相手が充たしていたからだ。

「渡辺は俺に対し、野球ではかなわないと思っていた。でも、あいつも俺にないものがあった。たとえば、やる気がないやつがいたら、俺は『辞めちまえ！』で終わり。でも渡辺は粘り強く話し合って、選手が変わるのを待つことができる。そこは、すごいと思った」

インタビューが一段落すると、小倉は顔をほころばせながら好物のとらやの最中をほおばった。アルコールはほとんど口にしない。生粋の甘党である。そのせいか近年は糖尿病を患い、合併症で左目がほとんど見えなくなった。そのため大好きだったパチンコも今では年に4～5回興じる程度だ。

指導者人生でいちばん嬉しかったこと――。最後にそう尋ねると、こう答えた。

「力の無かったチームが準決勝ぐらいまで勝ち進んで、負けた後『ありがとうございました』ってわんわん泣いてる姿が、いちばん」

ある意味、もっとも似つかわしくない台詞《せりふ》だった。

次世代の名将たち

長崎清峰　吉田洸二
前橋育英　荒井直樹
浦和学院　森士
八戸学院光星　仲井宗基
常総学院　佐々木力
高知　島田達二
能代松陽　工藤明

長崎清峰　吉田洸二　短かった夏

Number
2009年8月20日

佐世保野球場の空をびっしりと覆い尽くした暗雲。

それに加え、この日は、日本では46年ぶりという皆既日食の日だった。午前中だというのに照明に灯が入り、雲間からはときおり月に遮られ、爪の切りかすのようになった太陽が顔をのぞかせていた。どこか非現実的なその現象を眺めていると、古代、人々が日食を凶兆として恐れたのもうなずける。

1回裏に2失点。

あの絶対的なエースが、である。清峰の背番号1を背負う今村猛《たける》（広島）はこの春、全国制覇を成し遂げた選抜大会では、5試合で計44回を投げ、わずか1点しか奪われていなかった。

甲子園の常連校、長崎日大を相手に0－2からのスタート。重くないはずがなかった。回はあっという間に進んだ。1－3と2点差で迎えた最終回。清峰は先頭打者が出塁し、にわかに活気づく。が、直後、その走者が盗塁のサインが出たものと勘違いし、単独で走ってしまい二塁タッチアウト。事実上、その時点でゲームは終わっていた。

本番のおよそ10日前、監督の吉田洸二（現・山梨学院大附監督）はこんな予言めいた話をしていた。

「選手たちは『今村依存症』っていう病気にかかっているところがある。先発・今村、って言った瞬間、つなぎの意識がなくなっちゃう。夏の大会は、今村も打たれる。今までのように依存していたら、3点取られたら終わりですよ。慌てて、ミスが続出して負ける」

3失点という数字も、それによってミスが続けて出た点も、怖いぐらいに符合していた。

この春、長崎県勢として初めて全国の頂点に立った清峰は、その111日後、らしさをほとんど見せられぬまま、長崎大会の準々決勝で早くも散った。

清峰。確かに、どこか高校野球マンガに出てきそうな響きがある。

清峰は、2002年までは北松南《ほくしょうみなみ》という校名だった。改称に立ち会った、元校長の川瀬長久が感慨深げに振り返る。

「公募でこの名前に決まったとき、忘れもしません、ある女子生徒が『野球が強くなりそうな名前ですね』って言ったんですよね」

沖縄のモノレールを除く日本最西端の鉄道、松浦鉄道で佐世保から北に揺られること約50分。無人駅「清峰高校前」の目の前に学校はある。一帯はその昔、炭鉱で栄えた時代もあったが、今ではすっかり寂れてしまった。そんな過疎地の、とりたててセールスポイントのない公立高校。それが清峰の前身、北松南だった。

地元の人間ほど、現在の清峰の姿は信じがたいようだ。佐世保出身の作家、村上龍も自分のホームページでこう書いている。

《わたしはちょうど上京していた母とハイタッチをして歓声を上げました。普通は郷里だからと応援したりしないのですが、清峰高校は特別です。（中略）北松浦郡の県立高校が（中略）甲子園に出場したというだけで驚きでした。今回は全国優勝です。信じられないという思いとともに、勇気が湧いてきます》

甲子園に感動するなどもっとも似合いそうもない無頼漢、村上龍でさえ、これだけ素直に心を揺さぶられているのだ。

川瀬が着任当初のことをこう述懐する。

「最初の頃はトイレが目茶苦茶にされていたりしてね。要するに学校にプライドを持てずにいた。だから、そんなことをするんです」

吉田は、校名が変わる2年前、31歳のときにそんな北松南にやってきた。母校の佐世保商、平戸を経て、3校目の赴任先だった。

「生徒指導は、平戸にいた5年間で鍛えられた。平戸もかなり荒れていましたからね」

平戸時代は、吉田もまだまだ血気盛んな頃だった。こんな話がある。クラスの収拾をはかろうとしていた吉田は、とりあえず、いちばんケンカが強いやつに目をつけていた。

「パソコンの授業のとき、そのボス格のやつが、キーボードを適当にカチャカチャ打っていた。だから近くにあったキーボードでそいつの頭を思い切りぶっ叩いてやったんです。そいつはのびちゃったんですけど、僕は平気な顔をして授業を続けた。死なないってわかってましたから。悪いやつでも、怒った後、手をかければ絶対ついてきますよ。卒業後、そいつの結婚式にもいきましたからね」

身長163センチ、体重70キロ。大きな体ではないのだが、吉田にはどことなく迫力がある。それは、さわやかな風貌に似合わず、こんな過去を持っているせいかもしれない。

「中学生の頃はケンカばっかりしていた。でも、負けた記憶がない。カーッとなったら、痛みを感じなくなっちゃうんですよね」

北松南に赴任してからも、吉田の生徒指導力は群を抜いていた。川瀬が話す。

「彼がおったから、うちの高校はよくなっていった。吉田君は生徒を捨てなかったからね」

部員はわずか10名という弱小だった野球部も、少しずつ変わり始めていた。川瀬が感嘆したのは、吉田の吸引力だった。

「知らない人が材木を持ってきたと思ったら、吉田君の友だちで、2~3日で屋根付きのブルペンができたりね。似たようなことが何度もありましたからね」

ただ、野球部の歴史を語る上ではもう一人、欠かすことのできない人物がいる。それが、吉田とともに野球部にやってきた色白で長身のコーチ、清水央彦《あきひこ》（大崎高コーチ）だ。

清峰は、ミステリーでいえば『Yの悲劇』で有名なエラリー・クイーンの作品のようなものだった。つまり、1人の作品だと思いきや、実は2人の合作だったのだ。だから、一見、相反すると思える性格が同居している。

ひとりは、物怖じせず、鷹揚で、どこかつかみどころのない性格。それは吉田のパーソナリティだ。その一方で、繊細で、緻密で、実に生真面目な面も持ち合わせている。それは清水がもたらしたものだ。

地元の選手しかいない田舎の公立高校がわずか4年半で甲子園に初出場。さらには、6年目に全国準優勝。そして9年目に全国優勝を成し遂げるというこの快挙は、ひとまず、この2人の両極端な情熱が何らかの化学変化を起こし、とてつもないエネルギーを生んだ成果だといえる。吉田も話す。

「僕のいいところと、清水のいいところが、ガツーンとかんでいたんでしょうね」

ただ、正確に記せば、清水は日本一になったときはすでに清峰を去っていた。この春から佐世保実業に移っていたのだ。

清水が清峰の野球部から身を引いたのは、昨年の秋のことだった。その直前、吉田の後を受けて監督になったばかりだったのだが、一般生徒に手を上げ謹慎処分となり、そのまま戻ってこなかったのだ。結果、吉田が監督に復帰することになった。その経緯には複雑な事情があったようだが、根底にあったのは互いの信頼関係のもつれだ。

もともと吉田と清水は、佐世保商の野球部の先輩、後輩の間柄だ。吉田が清水の1年先輩になる。吉田が大学卒業後、母校の監督になったときからの十数年来のコンビだった。2人に接してみると、2人が合い、そして合わなかった理由がわかるような気がする。アバウトな人。吉田にはそんな一面がある。初めて取材に訪れたのは05年の冬だった。時間が遅かったこともあって、ちゃんぽんをカウンターに並んですすり、その後、自宅にも少しお邪魔させてもらったりしたものだから、こちらは勝手に親しくなったつもりでいたのだが、この春、再訪したときは「吉田です」と、あっさりと名刺を差し出されてしまった。まったく覚えていなかったのだ。でも、そんな人柄がおもしろくもあった。

一方、清水は一度会った人は絶対に忘れないような人間だった。相手の目を凝視し、話すのも、聞くのも、常に全力。話の合間に「こんな話でいいですか?」といちいち確認をしながらしゃべる。また、川瀬の話によると清水は「女性のようにきれいな字を書く」らしいが、いかにもそんな丁寧なタイプに映る。

2人をよく知る、ある強豪校の監督が2人をこんな風に評していたことがある。

「授業中、つまらなそうに窓の外を眺めて他のことばかり考えているのが吉田さん。どんな先生の授業もじーっとよく聞いて、きれいにノートをつけているのが清水さん。まあ、言ってみれば自由と規律ですよ。でもクラスにとってみれば、どっちも必要。力を発揮する場所が違うだけ。でも共通点がひとつだけある。それは分野は違うけど、指導者としては2人とも超一流だということです」

清峰の優勝を昨年の秋の時点で予言していた人物がいる。徳島の強豪、鳴門工業の監督の高橋広だ。高橋は2年前の冬、「今もっとも勢いがあるチーム」という理由で、清峰の練習を見学にいったそうだ。

「あのとき清峰は今、いちばん日本一に近いチームだと確信しましたね。選手の体つきがぜんぜん違った。相当やり込んでいる証拠ですよ。たぶん来年の春あたり、いきますよ」

練習量の多さではいくつもの常識外れな伝説を持つ鳴門工業の指揮官でさえ、清峰の練習内容には舌を巻いていた。そのトレーニングを誤していたのが、野球になると人が変わるという清水だった。

「技術の向上にはいろんなところからのアプローチが必要ですけど、まずは体力がないことには技術は入っていかない」

清峰の名物メニューといえば「丸太ダッシュ」だ。5キロから7キロの丸太を抱えたまま、300メートル弱の距離を走る。2チームに分かれ、それぞれ10本ずつ、制限タイム内に全員が走り切ることができれば終了となる。

「最終的には、だいたい30本から40本はやる。最高だと六十何本までいったことがある。全部やるのに、だいたい2時間前後かかります。ストップウォッチを持っているのは僕ですから、本数はいかようにでもできる。そのあたりは時期や体力を見ながら、調整していました。ただ、抜いてやったら意味がないので、けったくりながら、罵詈雑言《ばりぞうごん》を浴びせながら、やらせていました。人間、意外と丈夫ですからね。でも4回ぐらい、救急車を呼んだかな。脱水症状になってしまうんですよ」

06年春、準優勝したときのエースで、今は三菱重工長崎で現役を続ける有迫亮が話す。

「昔は清水さんが憎くて仕方なかった。『おら、やれ！』みたいな感じで言われて。思い出すのも嫌。でも、あの練習があったからこそ、今の自分があるのも間違いない」

また、投手を指導していたのも清水だった。それだけに投手陣からの信頼は厚い。05年夏、甲子園に初出場したときのエースの古川秀一も同じだ。古川は今は、日本文理大の主戦だ。

「清水さんに教わった人のほとんどが140キロを投げられるようになっている。清峰の強さの秘密は清水さんだと思いますよ」

試合における相手チームのデータ分析なども清水の仕事だった。清水が言う。

「基本的には時間が許す限り、データ分析に費やしていました。4日間あったら4日間、ノイローゼになるぐらいやってましたね」

有迫が当時を思い起こす。

「大会期間中、栄養剤とかをもらいに清水さんの部屋に行くと、必ずビデオを観ていました。僕は100パーセント、清水さんのデータ通りに投げていた。それが見事にはまるんですよ」

普段の練習から試合前の準備まで、その多くを清水がこなしていた。これだけやっていれば、県内の他校の監督が「清水コーチがいなくなった清峰は怖くない」と言うのもわからないでもない。

清峰の近年の甲子園における勝率の高さは異常だ。ここ5年で5回出場し、13勝4敗。初戦敗退は一度もない。勝率は・765にもなる。この快進撃はいつまで続くのだろうと思っていたのだが、大会前、長崎日大の監督、金城孝夫は清峰の今後をこう占っていた。

「それまで清水さんが相当厳しく鍛えていた。春は、それが緩み切らない、丁度いい状態だったと思うんです。だから勝てた。でも、夏はどうですかね。だいぶ緩んできてるんじゃないですか。それが結果に出ていますから」

選抜大会後、清峰は確かに苦しんでいた。ただ、吉田の中に計算がないこともなかった。

「本番までの最後の7試合は、2勝5敗ぐらいが丁度いいかな、と思っていたんです。そうすれば、勝たなきゃいけないという変な重圧からも解放されると思って。でも実際は、7連敗してしまったんです……」

戦前から、金城は「夏の今村は、春より2〜3割落ちる」とまったく臆していなかった。そして実際、その言葉通り攻略してみせた。

吉田の反省の弁。

「やはり4月、5月の調整が難しかった。試合ばかりになり、今日は招待試合だから下手な試合できないな、とか、うまくやろうとし過ぎたのかも。やりこむ時期にやりこめず、宙に浮いたような感じになってしまった」

清水がいなくなったことの影響も少なからずあったに違いない。

「春は、清水コーチがいなくなったことを最大限、プラスに転化することができた。今までやりたくてもできなかった練習を取り入れたりね。でも、それから夏まではいなくて大変だったことは事実です。結局2番手以降の投手をつくることができず、今村頼みのチームから脱却できなかった」

しかし、だからといって、清水が監督として残っていたならば、夏も勝てたのかというと、そこまで単純ではないだろう。春もわからなかったはずだ。目には見えないが、人を動かすという分野にもやはりテクニックはある。吉田はそのスペシャリストだった。

「自分には何の才能もない。でも、それで卑屈になったりはしない。才能がある人を動かす技術には自信がありますからね」

だからこそ、コーチである清水にそこまで委ねることができ、また監督としてもあれだけの勝ち星を挙げることができたのだ。

清水を失った吉田も、吉田を失った清水も、この夏、また新たなスタートラインに立った。ソロに戻った2人の本当の力量が問われるのは、2年後、3年後のことになる。

試合後、吉田は選手にこう声をかけた。

「おまえらはこの春、歴史に一生残る、すごいことをしたんだからな。長崎県の関係者には怒られるけど、こんなこと、もう二度とないよ、少なくとも、相当ないよ」

2009年4月2日。WBC連覇の直後だっただけに、世間にはやや見過ごされてしまった感があるが、清峰の優勝物語はちょっとした奇跡だった。長崎空港に飛び、佐世保へ移動し、そこから松浦鉄道で清峰を訪ねてみればいい。その理由はすぐにわかる。

前橋育英　荒井直樹　静かなる革命

Number
2013年9月19日

決勝戦のプレイボール直前、延岡学園（宮崎）がベンチ前で円陣を組み、全員で声を張り上げていた。高校野球で頻繁に見かける光景だ。というより、やらないチームはほとんどない。

それとは対照的に、優勝した前橋育英（群馬）はそういった儀式は一切やらなかった。監督の荒井直樹の方針である。

「昔はやってたんです。でも、何もしなくても気分は昂ぶってるわけですから」

両チームの選手たちがホームベースを挟んで試合前のあいさつをしているとき、監督同士もベンチ前に立ち、あいさつを交わす。この日、延岡学園の監督、重本浩司は口を真一文字に結び頭を垂れた。一方、荒井は穏やかな笑みを浮かべていた。

「ガツガツやっちゃうと、普段通りじゃなくなっちゃうので」

大会を通じ、荒井は「気合」といった類いの言葉とは、もっとも遠いところにいる人物に感じられた。

この監督で勝てるのだろうか——。それが荒井の第一印象だった。去年の夏、日大藤沢高校（神奈川）時代、山本昌（元中日）の1年先輩だったという荒井に当時の思い出話を聞いた。そのとき、雑談の中で荒井はこんな話をしていた。

「技術で怒ることはしないって決めてるんです。私学の監督っぽくない、勝つ気がないんじゃないかって言われるんですけどね。でも、勝てば信念って言われますから」

毎朝4時に起きてジョギングをするのが趣味だという荒井は、体形も、声質も、振る舞いも健康的に映った。そのことだけで荒井の言葉は信憑性があるように感じられた。

こんな監督が勝ったらおもしろいだろうな。そう思った。が、その想像自体、その可能性は低いと感じていたことの裏返しだった。過剰。偏り。狂気。そうした異能とは無縁に見える荒井が、海千山千の監督がひしめく高校球界で勝ち抜けるとは思えなかった。

この夏、初出場の前橋育英を優勝候補に挙げたジャーナリストは皆無だったのではないか。春は2011年に一度だけ甲子園に出場している。しかしそのときは初戦の九州国際大付属（福岡）戦で大会記録となる1回3本塁打を含む4本塁打を許し、1－7で完敗した。

今大会の勝ち上がり方を見ても、近年の優勝校のような迫力はなかった。09年の中京大中京（52得点、22失点）、10年の興南（50得点、12失点）、11年の日大三高（61得点、19失点）は打力が圧倒的だった。いずれも6試合戦い、1試合の平均得点は10点前後。昨年、春夏連覇を達成した大阪桐蔭は5試合で29得点、5失点と、打力はさほど目立たなかったものの、エース藤浪晋太郎（阪神）の存在感が際立っていた。

そこへ行くと前橋育英は6試合で20得点、7失点だ。大ざっぱに言うと、どの試合も3－1ぐらい。すごい、とは言い難いのだ。

荒井は試合後、よくこう話していた。

「今のチームを強いと思ったことは一度もないんです。相手を圧倒するような力はない。ただ、我慢強いチームではありますね」

荒井の息子で主将の海斗は「うちのテーマは〝あきらめの悪いチーム〟なんで」と胸を張った。実は、今年の前橋育英はチーム結成以来、公式戦で2敗しかしていない。負けた相手はいずれも春の王者、浦和学院である。

派手さはない。だが、最後は勝ちを拾った。その粘り強さを支えていたのは守備力だ。1試合でダブルプレーを3つ取る――。それが合い言葉だった。一塁手の楠裕貴は言う。

「ゲッツーを取れれば流れがくる。ゲッツーを取った試合はほとんど負けてない」

荒井はピンチのたびに伝令を送り「おまえたちの守備力を見せてやれ」と鼓舞した。3回戦の横浜戦では目標通り3つのダブルプレーを成立させ、最後まで相手に主導権を渡さなかった。そうして積み上げたゲッツーは計9個、1試合平均1・5個だった。

ただ、選手にどんな守備練習をしているのかと質問しても「特別なことはやってません」と判で押したような答えが返ってくるばかりだった。荒井は「積み重ね」だと強調する。

「打撃練習のときがいちばん本番に近い打球が飛んでくる。だから、そのときの守備練習を大事にしろと常に言っていました。その積み重ねだと思います」

「キャッチボールの一球を、相手の胸に投げようとちゃんと意識しているだけでも、毎日積み重ねれば違ってくる」

そうした積み重ねを実行できた理由を尋ねると荒井はさも当然のように言った。

「服装、ゴミ拾い、そういった当たり前のことがしっかりできる子どもたちだった」

寮の食事も一粒も残さず食べさせた。それも荒井にとっての「当たり前」だった。

「米粒残したら目がつぶれるんだぞ、って。そういうところはうるさく言ってます」

荒井が求めたのは誰にでもできることばかりだった。ただ、他の人と違うところは、誰にもできないぐらい継続することを求めたことだった。荒井は口癖のように言った。

「本物ってのは、平凡なことを積み重ねることだぞ。同じ事を繰り返すから、変化が感じられるようになるんだ」

荒井自身、そうした単調な作業がまったく苦にならないタイプだった。

日大藤沢を卒業して入社したいすゞ自動車では、出社前、毎朝350本素振りをすることが日課だった。また会社の寮に住んでいた頃、こんなエピソードがある。ある日、先輩にビールでも飲むかと誘われた。それに対し、荒井は「素振りしたら買ってきます」と答えた。そして2時間素振りをしてからビールを買ってきて先輩にあきれられたというのだ。

「2時間ぐらい何てことなかったんで。脳が単純なんでしょうね。ぜんぜん平気なんです」

しかし社会人時代、選手としては苦労した。投手として入ったが3年目に失格の烙印《らくいん》を押され、外野手に転向。それでも芽が出ず、5年目に手薄な内野手にコンバートされ、少しずつ試合に出してもらえるようになった。毎年「クビ候補」と言われながら、6〜7年目によ うやくレギュラーに定着した。

そのときの経験から技術のことでは怒らない荒井も、簡単にあきらめてしまう選手に対しては自然と口調が熱を帯びた。

「すごくうるさいらしいです。自分も何度もあきらめながら、それでも多少はできたからでしょうね。選手たちにも、うまくいかなくても絶対にあきらめさせたくないんですよ」

この夏の前橋育英は中学時代、硬式野球を経験していた者はレギュラーの中では「1番・センター」の工藤陽平ただ一人だ。私学とはいえ「地元に愛されるチームにしたい」という荒井の方針の下、県外出身者もメンバー中、控え選手の井古田大輔だけだった。

甲子園は、特別な選手を集め、特別な練習をしなければ勝てないところだと思っていた。だが前橋育英は、その逆だった。特別だったのは平凡なことを非凡なまでに徹底したこと、一点だけだ。それで勝てるのだ。

こじつけといえばそうだが、感情的になりがちな夏の甲子園は世相を反映していると感じることがままある。つまり、世の中が求めているチームが勝つ。王貞治が病に倒れた06年は母校の早実が勝った。特待生問題が取り沙汰され私学のやり方に厳しい目が向けられた07年は公立の佐賀北が優勝した。普天間基地の移設問題で沖縄が揺れた10年は興南が春夏連覇を達成した。そういう意味で今年は桜宮高校バスケット部の体罰事件に端を発し、女子柔道界等、スポーツ界の旧態依然とした指導法に非難が集中した年だった。

それだけに荒井の「怒ることが指導ではない」という姿勢は新鮮だったし、今、求められている理想の指導法だったのではないか。だから、勝てた。そう考えると腑に落ちる。

世間的には地味な優勝チームだったかもしれない。だが、静かな革命だった。

「高校野球」という名脚本は監督が書く

週刊現代
2013年8月3日

一気か。それとも一歩一歩か。優勝する方法は二つに一つだと思った。

「僕の場合、遅すぎるかもしれないけど」

この春の選抜大会、監督生活22年目にして初めて全国制覇を遂げた浦和学院（埼玉）の監督、森士《もりおさむ》はそう語る。

森が監督に就任したのは1991年8月、27歳のときだ。翌年春の選抜大会に出場し、最年少監督ながら全国4強入り。しかし「あれはまぐれ」と振り返る。

「星稜の3年生に松井（秀喜）がいたときなんですけど練習を見て度肝を抜かれた。あの星稜がベスト8でなんでうちがベスト4なんだろう、って。これが甲子園の怖さだと思った」

2年後は、夏の甲子園に導き、2回戦敗退。最初の勝負の年は就任5年目、96年だった。3学年合わせると、三浦貴（元巨人）や石井義人（元巨人）ら、のちにプロに進んだ選手が5人もいた。しかし春夏と連続出場したが、計1勝しか挙げられなかった。

「あのあたりから壁を経験し、怖さを覚えていった」

その年の春、鹿児島実業の名監督、久保克之が監督生活30年目にして県勢初となる日本一に輝いた。その姿と自分が重なった。

「怖さを知らずに勝つか、年輪を重ねつつ、怖さを乗り越えて勝つか。僕は後者だと思った。最初の5年間で勢いだけで勝つ時期はもう逃したと思った」

無冠の帝王——。浦学はそう呼ばれ続けてきた。

森は甲子園出場を3年間、空けたことはない。つまり浦学に入学すれば一度は甲子園を経験できる。さらにいえば、年3度の県大会で優勝できなかった年は、わずか3度。毎年選手が入れ替わる高校野球において驚異的な安定感である。

だが予測したように甲子園ではなかなか結果がともなわなかった。

勝っても8強どまり。05年から11年までは5大会連続初戦負けを喫した。

「石橋クンなんです」と森は自嘲する。「石橋を叩かないと渡れない。自分の不安を取り除けないから、それが選手にもうつっていた」

森は一見すると強面だし、威圧感がある。だがそれは繊細さの裏返しでもある。

10年ほど前、パニック障害にかかった妻から「私の話を聞いてくれない」と責められて憔悴《しょうすい》していた時期がある。その後、森は胃潰瘍を患った。

「家族が僕の生活の基盤。そこがうまく回らないと野球もダメになる」

昨年、選抜大会で2勝を挙げ初戦連敗記録をストップ。続く夏は初めて2回戦の壁を突破し、3回戦まで駒を進めた。初めて甲子園で年間4勝を挙げ、森の中で何かが変わった。

「これまでは甲子園の優勝が、あまりにも偉大過ぎた。だから全国制覇と言いながらも本気じゃなかった。でもその覚悟ができた」

この春、参加校の監督の甲子園出場回数を見ると、トップの18回だった。「これは優勝しないと」とさらに決意を固めた。

「できたらいいな、じゃなくて、するぞ、と」

やることはたったひとつだった。「取り越し苦労をしないこと」

絵に例えれば、ほとんど白紙の状態で臨んだ。

「試合の中で描いていけばいい。それを楽しもうという気持ちでいった」

優勝翌日の朝、初めて勝つことの喜びを知った。

「こんなにいいもんなんだな、って。それまでは罪悪感でいっぱいでしたから」

が、同時に新たな怖さも襲ってきた。

「チャンピオンベルトを巻いてコーナーに戻ったら、もう夏のことを考えていた。勝ってもまだ怖い。これが夏だったらよかったのにって思いましたよ」

7月1日、桐光学園（神奈川）との練習試合では、アマチュアナンバー1左腕の松井裕樹（楽天）に18三振を奪われ、わずか1安打で敗れた。

「夏は選手の完成度が春とは違うから、簡単じゃない」

本当の戦いはこれから始まる。

青森のために――。そう言えない状況が勝ち切れなかった理由かもしれない。

八戸学院光星（2013年春、光星学院から校名変更）の監督、仲井宗基が言う。

「うちのチームに常に付きまとうのは県外の選手が多いということ。何かというとマイナスなイメージに受け取られる。だから軽はずみなことは言えないという習性が染みついている」

光星は野球の強豪校であると同時に、いわゆる「野球留学」校としても有名だ。後発の高校ゆえ地元では選手が集まらないという背景もあり、主に近畿圏から優秀な選手を集め、瞬く間に全国区にのし上がった。

強いが、悲運のチームでもある。11年夏、12年春夏と連続して甲子園の決勝戦まで進みながらも、いずれも敗退。史上初となる3季連続準優勝に終わった。

忘れられないひと言がある。

「コンディショニングです」

11年夏の甲子園だった。仲井は日大三高との決勝を数時間後に控え「勝機があるとしたら？」という質問に対し、冷静な口調で、そう答えたのだ。

下馬評では投打に勝る日大三が圧倒的に有利だと言われていた。ただし、組み合わせ抽選の綾で、2回戦から登場した光星学院は、1回戦から戦っている日大三より決勝まで1試合少なかったのだ。だが、ここまできてそれが勝機になるとは思えなかったし、もっと言えば、「将」の言葉としてあまりにも覇気がなかった。

仲井が苦しい胸の内を明かす。

「初めての決勝なので他に言いたいこともあった。でも、いつも以上に言えない状況でしたね。口が裂けても……というか」

11年は東日本大震災が起きた年だ。東北を思う気持ちはあったが、それを口にすると逆に反感を買う怖れがあった。だから無難な言葉を選ばざるを得なかったのだ。昨夏もそうだった。

光星は3番・田村龍弘（千葉ロッテ）、4番・北條史也（阪神）という超高校級スラッガー2人を擁し、青森史上最強とまで言われた。準々決勝では、大会記録となる1試合22奪三振をマークしていた桐光学園・松井との対戦を前にして、仲井は決然と言ったものだ。

「こういう好投手を打つために練習してきた。自分たちのスイングを貫く」

そうして「策なし」で臨み、大会ナンバー1投手を3－0で打倒。続く準決勝も突破し、光星学院は3季連続決勝進出を決めた。

決勝の相手は、春に敗れた大阪桐蔭だった。東北勢として悲願の初優勝もかかっている。語る物語はいくらでもあった。しかし仲井はほとんど言及しなかった。大人と言えばそうだが、もったいない気もした。メディアを利用し、光星に流れを引き寄せるのも戦術のひとつだからだ。

試合前「最後まで攻め続ける」と話していたが、それも全うできなかった。

光星学院はそこまで二塁手を兼ねる城間竜兵と、エース番号を背負う金沢湧紀の継投で勝ち上がってきた。大阪桐蔭打線の弱点はインコースだと判断していた仲井は、そこを突ける城間を先発させようと考えていた。しかし土壇場で金沢を先発させた。レギュラーメンバー中、金沢が唯一の青森出身者だったからだ。しかも地元、八戸生まれである。

「金沢がいるだけで、地元の盛り上がりはぜんぜん違う。だから金沢が投げて優勝したら、もっと喜んでくれるだろうな、と」

ならば、それを口にしてもよかった。そうすれば光星に風が吹いたかもしれない。結局、光星は大阪桐蔭のエース藤浪晋太郎の前にわずか2安打に抑え込まれ、0－3で完敗した。

光星は今、校名変更にともない選手集めも東北中心にシフトしている。現部員の約3割が青森出身者だ。

「同じ日本なのに外人部隊と言われるのはさみしい。高校野球は何かという答えはわからないけど、もっと地域で応援してもらえるようなチームにしたい」

勝利か、郷土性か――。その間《はざま》で揺れながらこの夏も「答え」を探し続ける。

前任者から最初に受けたアドバイスは、進退伺の書き方だった。

「半分は冗談だったんでしょうけど、書いとけ、と。それぐらいの気持ちでやらないといけない学校ですからね。それに、負けても進退伺出せば『もうちょいがんばれ』ってチャンスくれるからと笑ってました」

11年夏、恩師の木内幸男の後を継ぎ、コーチから監督に昇格した佐々木力《ちから》がそう思い出す。半世紀を超える計54年間にもわたって監督を務め上げた、いわば木内流処世術でもあった。

佐々木は木内が取手二高時代、84年夏に初めて全国優勝したときの「2番・セカンド」でもある。

佐々木は最初は監督の依頼を断った。

「木内の後ですからね。自分ではあまりにも荷が重いと思った」

しかし、部長やコーチの「支えるから」という言葉に背中を押され、ようやく決断した。

「じゃあ、つなぐつもりでやるか、と」

監督就任以降、師匠にはことあるごとに注意を受けた。県内のライバル校、霞ヶ浦高と練習試合を組んだときは「負けたらどうすんだ！」と怒鳴られた。

「データも取られますし、負けたら相手に自信を持たせてしまう。だから、木内は絶対に県内チームとは試合を組まなかった。そのときは1勝1敗だったからよかったんですけど、『2つとも負けたら大変なことになってたぞ！』って」

また佐々木が強豪校と練習試合を組むことに躍起になっているときは「それじゃあ、選手が息を抜けないだろ」と諭された。

「対戦相手も、強い、弱い、中ぐらいって選べば、2番手投手も育つだろ、と。ホームランバッターも、そうやって本塁打数を増やして自信をつけさせなければいけないんですよね」

あくまで控えめな佐々木だが、結果は上々だ。昨夏、今春と、佐々木は2季連続で甲子園に導いた。

「木内野球の印象をうまく利用することができた」

例えば、木内常総の十八番はセーフティースクイズだった。だから、一、三塁の場面などは、やると見せかけて、一塁走者を二塁に走らせた。また木内は教え子が監督を務めるチームにはスクイズを使わなかった。小細工なしで圧勝し、力を見せつけるのだ。

佐々木が言う。

「そのプライドが隙になっていた。でも僕は4番でも平気でスクイズさせる」

もちろん木内流をそのまま踏襲した面もある。投手交代は回の頭ではなく、1死後に告げた。残り2死の方が負担が少ないからだ。

ただし昨夏、甲子園の2回戦で桐光学園の松井と対戦したときは真似できなかった。「いいピッチャーはバントでつぶす」が口癖だった木内なら、おそらくバント攻めをしていたに違いない。だが佐々木はそこまで徹底できず、19三振を奪われ、5‐7で敗れた。

「甲子園の大舞台でバントもできねえのかよ、ってなったら選手がかわいそうじゃないですか。でも、この1年、松井君をバントで苦しめたという情報が入ってこない。たぶんバントもできなかったと思いますよ」

この夏、常総学院は3季連続出場がかかる。が、佐々木はこう本音をこぼす。

「負けられないという気持ちが強すぎて、去年より弱気になっている自分がいる。去年は県大会の準決勝で3番手を先発させるぐらいの度胸があったんだけど、今年は負けるときはエースじゃないといけない、とか。臆病になるのが早すぎる気がするんですけど……」

この夏は、佐々木が本当の意味で監督になれるかどうかの試金石になる。

体内の血が沸騰するかと思った。

〈しね〉

10年以上も前の話になる。高知中学の監督就任2年目のことだ。愛車、紺色のカリブの側面後部に、釘か何かでそう彫られた傷を発見したのだ。同時にある控え部員の顔がよぎった。

高知高校の監督、島田達二が顔を紅潮させる。

「むちゃくちゃ腹立った。ぶっ飛ばしてやろう、と」

ひとまず車体と同系色のマジックで傷をなぞった。だが、ほとんど効果はなかった。結局、犯人も追及しなかったし、傷もそのまま残した。こんな後ろめたさがあったからだ。

「ちょっと勝ち始めた頃で、これでええんやと思いながら、何か違う気もしていて。自分も現役時代、補欠だったくせに上の選手のことばかり見ていた」

しかも、その「傷モノ」の車に一昨年まで乗り続けていた。ひとまず島田とはそういう人間である。

そんな男に県内最大のライバル校、明徳義塾の監督である馬淵史郎は「あいつだけはわからん」と唸る。

それに対し島田は「僕にとっては最高の誉め言葉です」とニンマリ。

島田は「教えられ魔」だ。現役時代、高知高では補欠だった。高校卒業後は、大学球界では無名の高知大学でプレー。だから、プライドも何もなく「ずけずけ聞きに行ける」。

そして素直で感激屋だ。

「僕〇〇監督のところにもよく行くんですけど、あそこの走塁はすごいんです」

日本一を経験したある監督に「高校野球の監督なんてあらゆる意味で変態だ」と諭され、思わず「そうなんや」と納得してしまったことさえある。

理論派で、自分のセオリーを確立している馬淵には、このある種の軽薄さは理解しがたいに違いない。

ライバルとはいえ、高知は2000年代前半まで明徳義塾に一方的に負け続けてきた。しかし、04年12月に島田が監督に就いてから、その風向きが変わった。

就任1年目の夏、05年も決勝で明徳義塾に敗れた。ところが明徳義塾が不祥事で出場を辞退。準優勝校の高知に出場権が回ってきた。そして奇しくもこのときの経験が「明徳コンプレックス」を解消させた。

高知の初戦の相手は東の横綱、日大三高だった。2－6で敗れたが、その打棒に目を見開かされた。

「なんだこれ、って。僕の中で明徳最強というイメージが崩壊した。全国ってすごいんだな、と」

また持ち前の貪欲さで明徳野球をとことん研究した。2ボール、あるいは3ボール1ストライクなどボールが先行しているカウントでは絶対に待つ。ボールがワンバウンドをした後のボールはスクイズを仕掛けてくる。先制点を奪われると案外もろい、等々――。

島田が監督に就いてからの明徳との対戦成績はほぼ五分だ。甲子園出場も春夏合わせるとすでに8回を数える。この春の選抜大会では自身最高となる4強入りを果たした。

ただし夏は明徳に2連敗中だ。昨夏は4番・法兼駿を6打席5四球と徹底マークされ、1－2で惜敗した。だが島田は言う。

「まったく驚かないですよ。馬淵さんの野球は、究極の『確率野球』ですから」

島田も歩かされることを想定し、好調の3番打者を5番に下げ臨んだが、それでも術中にはまった。

「明徳の選手は、馬淵さんの言う通りにやれば勝てると信じ込んでいる。そこがすごいところ」

この夏も順当に行けば決勝で明徳義塾と対戦する。高知は今年も法兼クラスの強打者を擁しているが、「わからん」男は昨年以上に四球対策を練っている。


プロでもなかなか書けない「名脚本」だった。

能代松陽（秋田）の監督、工藤明が実に嬉しそうに語る。

「いつも自分がドラマの主役なんじゃないかって思ってるところがある。で、そのストーリーに選手を巻き込んでいくんです」

工藤は秋田県八森町（現・八峰町）という日本海沿いの小さな町の出身だ。だが劣等感とは無縁だ。

「田舎モンで恥ずかしいとか考えたことがない。東京だから偉いの？　って」

工藤が初めて甲子園の土を踏んだのは、能代商の監督就任8年目、10年夏だった。ちなみに能代商はこの春、女子校の能代北と統合し、能代松陽となった。

そのとき、初めての甲子園練習で萎縮し、声を出せない選手たちにあえて方言丸出しで怒鳴った。

「おめがんだ、なにやってらったば（おまえたち、何やってんだ）！」

10年夏、能代商は初戦で鹿児島実業に0－15で大敗した。

「何もかもが違った……」

その冬、工藤は「そろそろ忘れてくる頃だろう」と室内練習場にその試合のスコアシートを張り出した。

「練習に気持ちが入ってないときは、『おまえら、これ忘れたんか！』って」

そして翌年夏。能代商は甲子園に帰ってきた。が、鹿児島実業は地方大会の準決勝で敗れていた。しかし工藤はやはり「主役」だった。1回戦で同じ鹿児島代表で、優勝候補の神村学園とぶつかったのだ。

「正直、2回戦ぐらいがよかったなというのはありましたけど（笑）」

前半、能代商は1－3と神村学園にリードを許す。その間、工藤はベンチ内で怒鳴り続けた。

「練習の成果を見せろ！」

今どき試合中にこんなに怒る監督も珍しいが、これが工藤のスタイルである。

すると1－3で迎えた6回表、打線が爆発。5－3と試合をひっくり返し、そのまま逃げ切った。1年前の雪辱を晴らすと同時に、県勢13連敗という不名誉な記録にも終止符を打った。

「試合後、顔がニヤけちゃって、選手に見られてないか心配で心配で」

続く2回戦は、英明（香川）をシャットアウト。しかし3回戦で如水館（広島）に延長12回、2－3でサヨナラ負けを喫した。惜しい試合だったが、この夏の能代商は大健闘と言えた。

ところが試合後、工藤の目は「悔しいです」と憤怒に満ちていた。

宿舎に戻ってからも怒りは収まらなかった。

「人の言うこと聞かないから勝てないんだ！」

最後の感動的なシーンを撮影しようとテレビカメラが何台か回っていたが、それらのシーンはすべてカットされた。それはそうだろう、最後の夏、しかも甲子園まで来てそこまで激怒する監督という絵柄は、ある意味、高校野球の文脈から逸脱している。

「あそこで満足した顔は見せたくなかったんで」

いくら「主役」でも、世間が求める安直な物語には荷担しない。そこが工藤の逞しさであり、潔さだ。

昨夏は能代商として最後の夏だったからこそ、甲子園出場というシナリオを描いていた。秋田商との決勝戦は、9回2死までは脚本通りだった。3－1で2点リード。ところが最後の最後で予期せぬ結末が待っていた。

ポテンヒットと、右越えの三塁打で3－2と1点差。そこから2つミスが続き、同点とされ、なおも2死二塁。最後はセカンドが真正面のゴロを後逸し、サヨナラ負け。あっという間の逆転劇だった。

「今でも何がいけなかったのかわからない……」

勝っても負けても工藤はドラマチックな男だ。

心を整理できぬまま迎えた昨秋は、地区予選で大館工業にまさかの敗退。しかし、チームを立て直し、春は県優勝を果たす。

そしてこの夏の組み合わせ抽選を終え、また脚本家としての血が騒ぎ始めた。

「うちはシードなのですが、順当に行けば、2回戦で大館工業、3回戦で秋田商業に当たる。これでこの夏もシナリオが書けますね」

高校野球というドラマ。その筋書きを決めるのは、やはり監督である。

素敵に、ちょっとクレイジー

２０１６年８月13日、朝日新聞の記者がちょっとした事件を起こした。

〈馬淵、今度は審判買収か〉

全国高等学校野球選手権大会の２回戦、明徳義塾と境（鳥取）との試合でのことだ。５－２と明徳義塾リードで迎えた８回裏、明徳義塾は１点を追加し、なおも一、三塁の場面で、打者がショートゴロを打った。三塁走者が飛び出し、本塁と三塁の間で挟まれた。

詳しい話は端折《はしょ》るが、三塁走者はタッチされアウトだったにもかかわらず、それを審判が見逃し、生還。明徳は７－２と点差を広げ、そのまま逃げ切った。

明らかな誤審だった。

それに反応した朝日新聞高松総局の記者が、同局のツイッターの公式アカウントに冒頭のような書き込みをしたのだ。当然のことだが、記者として公式に批判しようとしたのではなく、知り合いに限定的に発信しようとした内容が、操作を誤ってツイッターに投稿されてしまったようだ。

とはいえ……である。

新聞記者は、一種の職業病のようなものだろう、そもそも言動が浮薄な人が多い。本当にそう思っているというより、悪たれ口をきいている方が「できる記者」なのだとでも言いたげに口の悪さを競っている節がある。

投稿に「今度は」とあったが、おそらく何の根拠もないに違いない。あるとしたら、１９９2年夏の「松井5敬遠」のことだろう。本編でも触れたが、あの試合以降、馬淵は高校球界のヒール役に回ってしまった感がある。

高松総局の記者は、ジョークのつもりで投稿したにせよ、おそらくは馬淵を直接取材したことがないのではないか。もしそうだとしたら、馬淵に会ったら驚くと思う。印象との違いに、ではない。印象のままであることに、だ。

テレビを通しての馬淵の印象をひと言でいうならば強欲の人だ。話し方、話す内容から、それがにじみ出ている。そして、実際に会っても、その話し方、話す内容はほとんどといっていいほど変わらない。

人は往々にしてテレビの方が実際より「いい人」を演じているものだ。もちろん、公共の電波に乗せるという制約上、テレビ局の人間もそれを望んでいる。われわれもその演出に慣れてしまっているので、テレビでの印象が悪いと、ものすごく悪い人に見えてしまうのだ。

私も馬淵に実際に会うまでは、テレビを通しての印象しかなかったので、嫌悪に近い感情を抱いていた。しかし、実際に会った馬淵はテレビの印象そのままで、こちらも敵陣に乗り込むような緊張感があったため、単なるお人好しではないかと拍子抜けしてしまったものだ。

高松総局の記者も、おそらく馬淵に会ったら、あまりの無防備さに、愛さずにはいられないと思う。そうなったら、冗談でも馬淵を貶《おとし》めるような内容は投稿しなかったのではないか。

馬淵を取材し、私は仕事をしていく上で二つの大切なことを知った。

一つは、実際に会って取材してみないことには、相手がどんな人物かはわからないということ。そして、もう一つは、人のおもしろさである。


高校野球の監督の世界は「おもしろさ」の宝庫だった。

私が初めて高校野球の監督を取材したのは、20年近く前になる。忘れもしない、『ベースボールクリニック』という雑誌で、石川県の加賀高校を訪れた。

加賀高の当時の監督、高鍬稔久《たかくわとしひさ》は、2000年に千葉ロッテからドラフト1位指名を受けた田中良平というプロ野球選手を送り出したばかりだった。そのため、投手の育成法を聞くことが取材の目的だった。

高鍬は赴任した先々の公立校をいつもそれなりのチームに仕上げた。しかし、甲子園に出場したことはなく、全国的にはまったく無名の監督だった。

しかし、その高鍬は、たまらない好人物だった。最初のクジで、いきなり「当たり」を引いたような気分だった。

高鍬は夏の大会を前にし、こうぼやいていた。

「選手の進路のことを考えると、それどころじゃないんですよ……」

普通は、逆だろう。大会のことで頭がいっぱいで、選手の進学先まで頭が回らない、というのならわかる。だが高鍬は「選手には卒業してもずっと野球を好きでいて欲しいんです」と教え子が大学でも野球を続けられるよう、春先から東奔西走しているようだった。

いい監督とは——。

その自分なりの答えは高鍬に出会ったときにいきなり決まり、以降も、変わらない。

野球を好きなまま卒業させてやること。勝つことよりも、プロ野球選手を育てることよりも、それこそが高校野球の監督としては最高の誉れではないかと思った。それを地で行くのが高鍬だった。

高鍬のように甲子園の舞台を踏んだことはなくとも、情熱的で、優秀な指導者が高校球界には溢れている。

高校の団体メジャー競技で、高校野球ほど、毎年、全国大会における初出場校が多い競技はないだろう。サッカーも、ラグビーも、女子バレーも毎年、だいたい顔ぶれは一定している（いずれもメインの大会が冬開催のため、すでに3年生が引退してしまっている高校が多いせいでもあるが）。毎年、新顔が現れるということは、それだけ指導者が豊富で、新陳代謝が活発だからだ。

中には「勝つことがすべてではない」というのが口癖で、ある意味、勝てないことに酔っているだけではないかと思う人物もいた。まるでゴールと反対方向に自転車をこいでいるような。それでも、彼もまた全力なのだ。その悲哀が絵になるのも高校野球という器の大きさなのだと感じた。

そう、誤解を恐れずに言えば、高校野球はちょっとクレイジーな世界なのだ。

それもこれも木内や高嶋が「麻薬」と評した「甲子園」という魔力のせいなのだろう。甲子園の在り様をすべて肯定するつもりはない。さまざまな問題をはらんでいることも事実だ。過密日程、旧態依然とした思考、なくならない体罰問題等々――。

でも毎年夏、取材で甲子園を訪れると、「こんなにおもしろい世界、そうはないな」と思う。その象徴が、まるで打ち上げ花火のように、激しくもはかない存在である、高校野球監督という人種なのだ。

この夏、全国高等学校野球選手権大会は、第１００回を迎える。晴れ舞台は、一瞬で終わる。しかし、花火職人がひと夏のためにほぼ一年を捧げるように、監督たちもその一瞬のために三六五日を過ごす。

一年に一度、夏の高校野球は、監督たちの生が危険なほど美しく燃える瞬間でもある。

点火までのカウントダウンが始まった。

2018年7月

中村　計

中村 計《なかむら けい》
1973年、千葉県船橋市生まれ。同志社大学法学部卒。スポーツ新聞記者を経て独立。スポーツをはじめとするノンフィクションを中心に活躍する。『甲子園が割れた日　松井秀喜５連続敬遠の真実』（新潮社）でミズノスポーツライター賞最優秀賞、『勝ち過ぎた監督　駒大苫小牧幻の三連覇』（集英社）で講談社ノンフィクション賞を受賞。他の著書に『佐賀北の夏』『歓声から遠く離れて』『無名最強甲子園』などがある。

ブックデザイン　城所 潤（ジュン・キドコロ・デザイン）

カバー写真　岡沢克郎／アフロ
本文写真　霜越春樹（p. ２〜３）
共同通信社（p. ４〜５　木内幸男　馬淵史郎　小倉全由
香田誉士史　我喜屋優　佐々木洋）
岡沢克郎／アフロ（西谷浩一　高嶋仁）

高校《こうこう》野球《やきゅう》　名将《めいしょう》の言葉《ことば》

二〇一八年七月三一日　第一刷発行

著者——中村《なかむら》 計《けい》

発行者——渡瀬昌彦
発行所——株式会社講談社
東京都文京区音羽二—一二—二一
郵便番号　一一二—八〇〇一
電話　〇三—五三九五—三五二二　編集
〇三—五三九五—四四一五　販売
〇三—五三九五—三六一五　業務

印刷所——凸版印刷株式会社
製本所——株式会社国宝社

ISBN978-4-06-512960-9